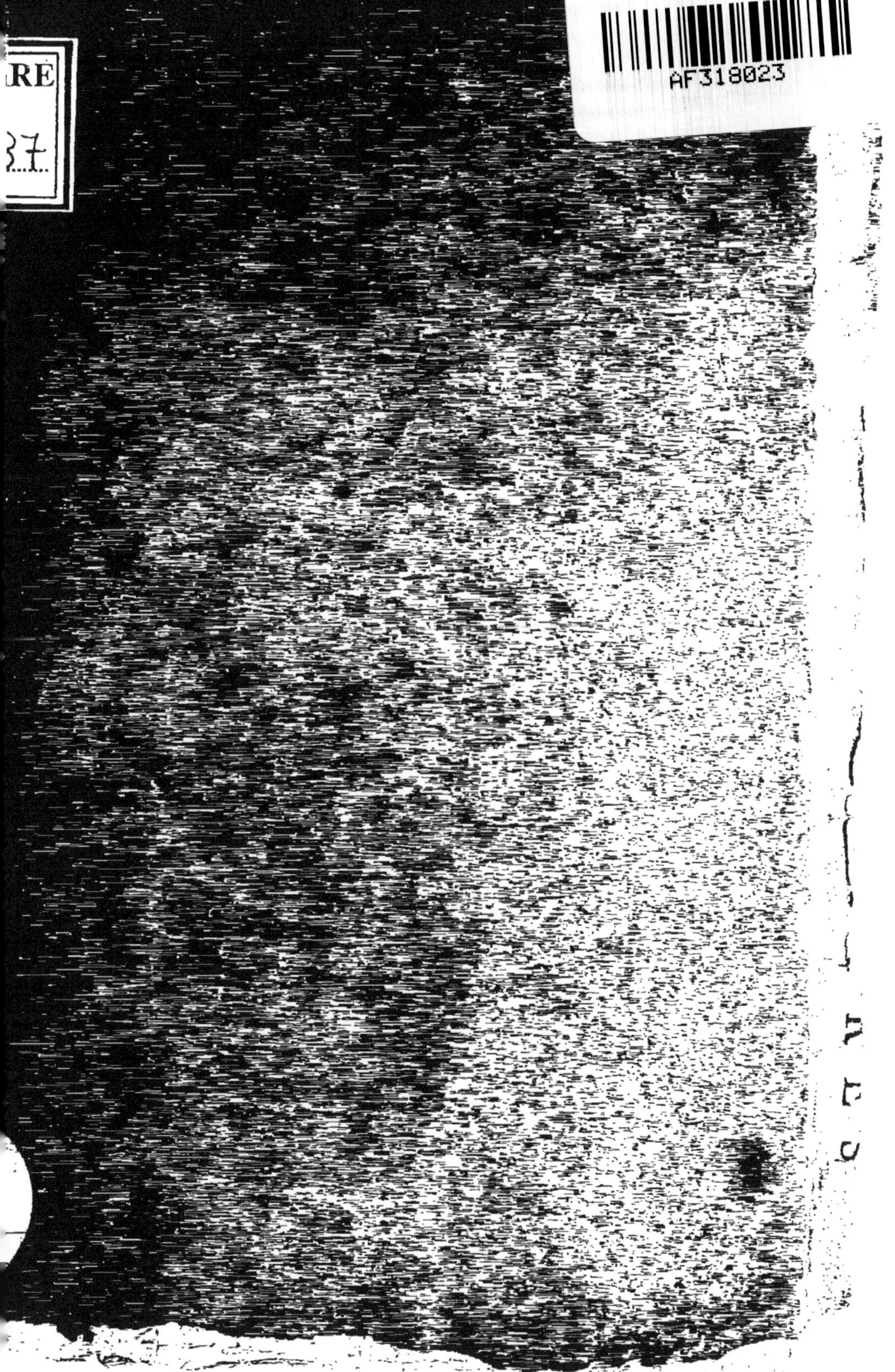

ABRÉGÉ

DE GÉOGRAPHIE

PHYSIQUE ET POLITIQUE.

ABRÉGÉ

DE GÉOGRAPHIE

PHYSIQUE ET POLITIQUE,

RÉDIGÉ EN NOVEMBRE 1808.

A. PARIS,

Se trouve rue du Cherche-Midi, n.° 33,
hôtel d'Arras.

AVIS.

Cᴇᴛ Aʙʀᴇ́ɢᴇ́ est destiné aux Maisons
d'éducation où l'on veut mêler aux autres
études, l'étude soignée de la Géographie.
Le meilleur moyen est d'y consacrer une
matinée toutes les semaines, pendant laquelle, après avoir fait apprendre par cœur
une page ou deux, on montre sur les
cartes les lieux dont il est question, en
ajoutant les détails nécessaires. L'Abrégé
qui suit peut être divisé en quatre parties:
la première s'étend jusqu'à la fin de la
division des mers; la seconde, jusqu'à la
fin de la France; la troisieme comprend
le reste de l'Europe, et la quatrième, les
autres parties du monde. On feroit apprendre la première à la classe de Sixième,
les deux à la Cinquième; en Quatrième
on y joindroit la troisième partie; et l'on
finiroit en Troisième. Les classes de
Seconde et de Rhétorique auroient entre

les mains une bonne Géographie plus étendue , et même une Cosmographie, qu'on leur développeroit le jour consacré à cette étude. L'exposé de ce plan, sur lequel on a rédigé ce petit Ouvrage , sert à rendre raison de la manière dont il est traité. Les détails qui se trouvent dans les dernières parties plus que dans les premières, la différence même du style ne surprendront plus, sur-tout si l'on fait attention que c'est un moyen de rendre moins difficiles à retenir, et moins ennuyeux à étudier, des noms pour la plupart barbares et inconnus aux jeunes gens.

ABRÉGÉ

DE

GÉOGRAPHIE.

NOTIONS GÉNÉRALES.

La Géographie est la description du *globe terrestre*.

Le *globe terrestre* est cette vaste étendue de terre et d'eau que nous habitons, et qui a environ neuf mille lieues de tour.

La *mappemonde* est une carte qui représente le globe terrestre.

Le globe terrestre tourne sur lui-même, comme une orange tourneroit autour d'une longue aiguille qui la perceroit de part en part. La ligne autour de laquelle tourne le globe terrestre s'appelle *l'axe* de la terre.

Les deux extrémités de l'axe sont les *poles*. Celui vers lequel nous sommes placés s'appelle le *pole nord* ou *le septentrion*; l'autre est le *pole sud* ou *le midi*. On appelle aussi le premier, pole *arctique* ou *boréal*, et le second, *antarctique* ou *austral*.

Le côté où le soleil se lève se nomme *orient*, ou *levant*, ou *est*; celui où il se couche est appellé *occident*, ou *couchant*, ou *ouest*.

Sur la mappemonde le nord est en haut, le sud en bas, l'est à droite et l'ouest à gauche.

Les deux cercles qui sont tracés près des poles sont les *cercles polaires*.

Entre ces deux cercles on en voit deux autres nommés *tropiques*. Celui qui est vers le nord s'appelle tropique du *cancer*; l'autre est le tropique du *capricorne*.

L'équateur, ou *la ligne*, entre les deux tropiques, à égale distance des deux poles, divise le globe terrestre en deux *hémisphères* (ou demi-globes).

Le *méridien* est un cercle qui passe par les poles et qui partage aussi le globe en deux hémisphères.

La partie de la terre renfermée entre les deux tropiques s'appelle *zône torride* (ou brûlante). Les deux parties terminées par les tropiques et les cercles polaires sont les *zônes tempérées*. Celles qui s'étendent des cercles polaires aux poles se nomment *zônes glaciales*.

Termes propres à la terre.

La terre se divise en *continens* et en *îles*.

Le *continent* est une grande partie de la terre, renfermant plusieurs pays qui ne sont point séparés les uns des autres par la mer.

L'*île* est une partie de terre plus petite que le continent et entourée d'eau de tous côtés.

La *presqu'île*, ou *péninsule*, ou *chersonèse*, est une partie de terre environnée d'eau de tous côtés, excepté d'un seul côté par où elle touche à une autre terre.

L'*isthme* est une langue de terre qui joint une presqu'île à un continent ou à une île plus grande que la presqu'île.

Le *cap* ou *promontoire* est une terre élevée qui s'avance dans la mer. Quand cette terre est basse, elle s'appelle pointe.

La *montagne* est une élévation considérable sur la surface de la terre.

La *colline* est une élévation moindre qu'une montagne.

Le *volcan* est une montagne qui jette du feu.

Les *antipodes* d'un peuple sont ceux qui habitent dans la partie de la terre diamétralement opposée à celle que ce peuple habite.

Termes qui regardent les eaux.

Les eaux se divisent en *mers*, en *lacs* et en *rivières*.

La *mer* est ce grand amas d'eau salée qui environne les terres ou qui est renfermée entre les terres.

Le *lac* est une assez grande étendue d'eau, ordinairement douce, qui n'a de communication avec la mer que par quelque rivière ou quelques canaux souterrains.

La *rivière* est une eau de source qui coule toujours et va se jetter dans la mer, ou dans un lac, ou dans une autre rivière.

L'*archipel* est un endroit de la mer où il y a beaucoup d'îles.

Le *golfe* est une partie de la mer qui s'avance beaucoup dans les terres.

L'*anse* est une petite avance de mer dans les terres.

La *baie* est une avance de mer dans les terres dont l'ouverture est fort étroite.

Le *détroit* est une partie de la mer resserrée entre deux terres.

La *rade* est un lieu près des côtes, où les vaisseaux sont à l'abri des vents.

Le *port* est un lieu de la mer au milieu des terres, où les vaisseaux se retirent.

Le *fleuve* est une rivière considérable qui se jette dans la mer ou dans un lac.

Le *ruisseau* est une très-petite rivière.

La *source* d'une rivière est l'endroit où elle commence à sortir de terre.

Le *confluent* est l'endroit où deux rivières à peu près de même grandeur se joignent et coulent ensemble.

L'*embouchure* d'une rivière est l'endroit où elle se jette dans la mer, ou dans un lac, ou dans une rivière beaucoup plus grande.

Nota. Il n'est pas inutile d'observer que dans ce qui précède, le mot *terre* signifie trois choses différentes, 1°. le globe terrestre; 2°. la terre proprement dite, en tant qu'elle diffère de la mer; 3°. une partie de la terre. Il en est de même du mot *mer*, qui est pris tantôt en général, tantôt en particulier. L'usage permet ces sortes de licences, qui néanmoins sont vicieuses. On doit prendre garde à distinguer ces diverses significations pour ces mots et pour bien d'autres.

DIVISION GÉNÉRALE DE LA TERRE.

La terre renferme deux grands continens, dits *l'ancien monde* et le *nouveau monde*.

L'ancien monde contient trois parties, l'Europe, l'Asie et l'Afrique.

Le nouveau monde a pris le nom d'Amérique; il se divise en Amérique septentrionale et Amérique méridionale.

L'Europe, au nord de l'Afrique et à l'est de l'Asie, renferme plusieurs régions partagées en divers États. Les principales sont, en commençant par le sud-ouest,

Le Portugal, capitale, Lisbonne.

L'Espagne, cap. Madrid.

La France, cap. Paris.

La Hollande, cap. Amsterdam.

Les Iles britanniques, cap. Londres en Angleterre.

Le Danemarck, cap. Copenhague.

La Suède, cap. Stockolm.

La Russie d'Europe, cap. Saint-Pétersbourg.

La Turquie d'Europe, cap. Constantinople.

L'Italie, villes principales, Rome, Naples.

L'Allemagne, villes princ. Vienne, Francfort, Berlin.

La Suisse, villes princ. Bâle, Berne.

La Prusse, cap. Kœnigsberg.

La Bohême, cap. Prague.

La Pologne, cap. Cracovie et Varsovie.

La Hongrie, cap. Bude et Presbourg.

L'Asie, à l'est de l'Europe et de l'Afrique, renferme les trois Tartaries, Russienne, Chinoise Indépendante; la Turquie d'Asie; l'Arabie; la Perse; les Indes; la Chine, et les îles.

L'Afrique, au sud de l'Europe et au sud-ouest de l'Asie, est peu peuplée sur-tout dans l'intérieur. Ses principales parties sont, au nord, la Barbarie et l'Égypte; à l'ouest, la Nubie, l'Abyssinie et la Cafrerie, qui s'étend aussi sur la côte occidentale; à l'ouest, la Guinée, et le grand désert de Saara.

L'Amérique septentrionale s'étend vers le pole nord, et comprend les régions glacées du Groenland, du Labrador et du Canada. En descendant on trouve les États-Unis d'Amérique, la Louisiane, le nouveau Mexique et le vieux Mexique.

Dans l'Amérique méridionale sont la Terre ferme, le Pérou, le Chili, la terre Magellanique, le Paraguai, le Brésil et le pays des Amazones.

Outre les deux continens dont nous venons de parler, on en a découvert un au sud-est de l'Asie, appellé nouvelle Hollande, mais il est encore presque désert. Il y a aussi plusieurs îles considérables, et terres à peu près inconnues situées vers les poles, dont nous parlerons plus en détail dans la suite.

DIVISION GÉNÉRALE DES MERS.

On distingue les mers *extérieures* et les mers *intérieures* ou *méditerranées*.

Les mers *extérieures* sont celles qui enveloppent les terres.

Les mers *intérieures* sont celles qui sont renfermées entre les terres. Ce n'est autre chose que des parties de mers extérieures. Il y a pourtant quelques grands lacs qui portent le nom de mer, et qui semblent ne communiquer à aucune de celles que nous appellons extérieures.

Les mers extérieures sont au nombre de quatre, savoir :

1.º L'Océan atlantique, qui s'étend d'un pole à l'autre entre l'Europe et l'Afrique à l'est, et l'Amérique à l'ouest ;

2.º La mer des Indes, à l'est de l'Afrique, et au midi de l'Asie ;

3.º Le grand Océan, appellé aussi Grande Mer, Mer Pacifique, Mer du Sud, qui s'étend d'une extrémité du globe terrestre à l'autre, entre l'Asie à l'ouest, et l'Amérique à l'est ;

4.º La mer Glaciale, qui occupe le nord du globe terrestre.

Nous allons maintenant faire connoître les mers intérieures formées par chacune des mers extérieures.

___

L'Océan atlantique, appellé dans sa partie septentrionale mer du Nord, forme :

1.° A l'est, par le détroit du Sund, la mer Baltique, qui forme elle-même au nord le golfe de Bothnie et à l'est celui de Finlande.

2.° A l'ouest, en s'enfonçant entre les terres de l'Amérique septentrionale par le détroit de Davis, l'Océan forme la baie de Baffin, et par le détroit d'Hudson la baie de même nom.

3.° A l'est, par le détroit de Gibraltar, l'Océan forme la mer Méditerranée, qui s'avance entre l'Europe au nord et l'Afrique au midi, jusqu'aux côtes occidentales de l'Asie. Une partie de cette mer, qui se trouve entre l'Italie et la Turquie d'Europe, prend le nom de golfe de Venise. Une autre partie est l'Archipel, situé au midi et à l'est de la Turquie d'Europe. En allant au nord, à travers le détroit des Dardanelles, on trouve la mer de Marmara, qui communique, par le canal de Constantinople, avec la Mer-Noire. Enfin, par le détroit de Caffa, on arrive à la mer d'Azow ou de Zabache, qui s'étend jusqu'à l'embouchure du Don.

4.° A l'ouest, l'Océan atlantique forme le golfe du Mexique.

Les parties méridionales de l'Océan atlantique ne forment point de mers particulières : il communique avec la mer du Sud par le détroit de Magellan, et se réunit à elle au dessous de la terre de Feu ; il se joint à la mer des Indes, par le Cap de Bonne-Espérance.

La mer des Indes, qui s'étend, au midi de l'Asie, depuis les côtes orientales de l'Afrique jusqu'aux îles Philippines, et au continent austral (1) appellé *Nouvelle-Hollande*, forme trois golfes considérables :

1.º La Mer-Rouge, entre l'Égypte et l'Arabie, depuis le détroit de Babel-Mandel jusqu'à l'isthme de Suez, sans lequel elle communiqueroit avec la mer Méditerranée,

2.º Le golfe Persique, entre l'Arabie et la Perse, depuis le détroit d'Ormus jusqu'à l'embouchure de l'Euphrate,

3.º Le golfe de Bengale, entre les deux presqu'îles de l'Inde.

La mer du Sud, ou grand Océan, qui communique avec la mer Glaciale par le détroit du nord ou de Behring, forme au nord de l'Amérique quelques golfes peu connus ; puis, en redescendant, on trouve la mer Vermeille, entre la presqu'île de Californie et le nouveau Mexique. A l'ouest, et plus au nord, est la mer de Kamptchatka, et au dessous le golfe de Corée.

La mer Glaciale forme, au nord de la Russie d'Europe, la mer Blanche, à l'est de laquelle est le détroit de Veigatz, qui sépare la Russie de la nouvelle Zemble.

---

(1) Il est urgent que le maître explique ce que signifie ce mot, ainsi que plusieurs autres.

DIVISION PLUS DÉTAILLÉE

DE LA TERRE.

Où il est parlé des Fleuves et de Lacs.

EUROPE.

L'EUROPE, la plus petite de toutes les parties du monde, est la plus célèbre par les sciences, les arts, la civilisation et les grands hommes qu'elle a produits. Elle est plus peuplée à proportion que toutes les autres, et s'enrichit de leurs trésors par le commerce.

Ses bornes sont : au nord, la mer Glaciale ; à l'est, l'Asie ; au midi, la mer Méditerranée ; et à l'ouest, l'Océan atlantique (1).

DE LA FRANCE.

L'EMPIRE Français est composé du royaume de France, comme il étoit autrefois, et de plusieurs provinces qui appartenoient à divers souverains. Il est borné, au nord, par la Manche et la Hollande ; à l'est, par l'Allemagne, la Suisse et le royaume d'Italie ; au midi, par la mer Méditerranée et l'Espagne ; et à l'ouest, par l'Océan atlantique. Ce pays s'appelloit autrefois les Gaules.

(1) Voyez la division générale.

La France fut d'abord gouvernée par des rois, qui occupèrent le trône pendant 1372 ans, jusqu'en 1792, où les Français remirent le Gouvernement de l'État entre les mains d'une Convention nationale, puis d'un Directoire composé de cinq membres, de trois Consuls amovibles, d'un Consul à vie. Enfin, en 1804, Bonaparte, qui étoit Consul à vie, fut proclamé Empereur des Français, sous le nom de Napoléon premier. La dignité impériale est héréditaire dans sa famille.

Nous parlerons d'abord des provinces de la France avant la révolution ; puis de celles qui y ont été réunies, et nous indiquerons en même-temps les départemens qui correspondent à chacune d'elles. Lorsqu'il se trouvera un département qui s'étend sur plusieurs provinces, nous attribuerons ce département à la province sur laquelle il s'étend davantage, ou dans laquelle se trouve le chef-lieu du département.

Lorsque le diocèse d'un archevêché ou évêché comprendra plusieurs départemens, nous les mettrons tous à la suite de celui où nous aurons donné le nom de la ville métropolitaine, à moins que les provinces ne se trouvent pas à la suite l'une de l'autre.

Provinces et Départemens du Midi.

Le Béarn et la Navarre ; capitale, Pau.

Département des Basses-Pyrénées ; chef-lieu, Pau. Bayonne, évêché, port et ville forte.

(18)

La Guyenne, grande province; capitale, Bordeaux, la troisième ville de France, ancien parlement.

Départemens :

Des Landes; chef lieu, Mont-de-Marsan.
Des Hautes-Pyrénées; chef-lieu, Tarbes.
Du Lot-et-Garonne; chef-lieu, Agen, évêché.
Du Gers ; chef-lieu, Auch.
Du Lot; chef-lieu, Cahors, évêché.
De l'Aveyron; chef-lieu, Rodez.
De Tarn-et-Garonne; chef-lieu, Montauban, év.
De a Gironde; chef-lieu, Bordeaux, archevêché.
De la Dordogne (diocèse d'Angoulême); chef-lieu, Périgueux.

Le Languedoc, grande province; capitale, Toulouse, ancien parlement.

Départemens :

De la Haute-Loire (diocèse de Saint-Flour); chef-lieu, le Puy.
Du Gard (diocèse d'Avignon); chef-lieu, Nîmes.
De la Lozère; chef-lieu, Mende, évêché.
De l'Ardéche; chef-lieu, Privas.
De l'Hérault ; chef-lieu, Montpellier, évêché.
Du Tarn; chef-lieu, Alby.
De l Aude ; chef-lieu, Carcassonne, évêché.
De la Haute-Garonne; chef-lieu, Toulouse, archevêché.

Le comté de Foix ; capitale, Foix.

Département de l'Arriège ; chef-lieu, Foix.

Le Roussillon ; capitale, Perpignan, ville forte.

Département des Pyrénées orientales (diocèse de Carcassonne); chef-lieu, Perpignan.

Le Dauphiné ; capitale, Grenoble, ancien parlement.

Départemens :

De l'Isère ; chef-lieu, Grenoble, évêché.
De la Drôme ; chef-lieu, Valence, évêché.
Des Hautes-Alpes (diocèse de Digne) ; chef-lieu, Gap.

La Provence, située sur la mer Méditerranée ; capitale, Aix, ancien parlement.

Départemens :

Des Bouches-du-Rhône ; chef-lieu, Marseille, ville grande et commerçante, avec un port. Aix, archevêché.
Du Var ; chef-lieu, Draguignan. Toulon, le second port de France, ville forte.
Des Basses-Alpes ; chef-lieu, Digne, évêché.

La Corse, île située dans la Méditerranée ; capitale, Bastia, port.

Départemens :

De Liamone ; chef-lieu, Ajaccio, évêché.
Du Golo ; chef-lieu, Bastia.

Provinces et Départemens du milieu.

Le Lyonnois; capitale, Lyon, la seconde ville de France, très-commerçante, au confluent du Rhône et de la Saône.

Départemens :

Du Rhône ; chef-lieu, Lyon, archevêché.
De la Loire ; chef-lieu, Montbrison.

La Bourgogne, grande province; capitale, Dijon, ancien parlement.

Départemens :

De l'Ain ; chef-lieu, Bourg (en Bresse).
De la Côte-d Or; chef-lieu, Dijon, évêché.
De Saône-et-Loire ; chef-lieu, Mâcon. Autun, évêché.
De l'Yonne (diocèse de Troyes); chef-lieu, Auxerre.

La Franche-Comté; capitale, Besançon, ancien parlement.

Départemens :

Du Doubs; chef-lieu, Besançon, archevêché.
Du Jura ; chef-lieu, Lons-le-Saunier.
De la Haute-Saône; chef-lieu, Vesoul.

Le Nivernois; capitale, Nevers.

Département de la Nièvre (diocèse d'Autun); chef-lieu, Nevers.

L'Auvergne; capitale, Clermont-Ferrant.

Départemens :

Du Cantal; chef-lieu, Aurillac. Saint-Flour, évêché.

Du Puy-de-Dôme; chef-lieu, Clermont, évêché.

Le Bourbonnois; capitale, Moulins.

Département de l'Allier; chef-lieu, Moulins.

Le Berry; capitale, Bourges.

Départemens :

Du Cher; chef-lieu, Bourges, archevêché.

De l'Indre; chef-lieu, Châteauroux.

Le Limosin; capitale, Limoges.

Départemens :

De la Haute-Vienne; chef-lieu, Limoges, évêché.

De la Corrèze; chef-lieu, Tulle.

La Marche; capitale, Guéret.

Département de la Creuse; chef-lieu, Guéret.

L'Angoumois; capitale, Angoulême.

Département de la Charente; chef-lieu, Angoulême, évêché.

L'Aunis; capitale, la Rochelle, port: et la Saintonge; capitale, Saintes.

Département de la Charente-Inférieure; chef-lieu, Saintes. La Rochelle, évêché. Rochefort, sur la Charente, un des plus beaux ports de France.

Le Poitou ; capitale , Poitiers.

    Départemens :

De la Vendée ; chef-lieu , Napoléon.

De la Vienne ; chef-lieu, Poitiers , évêc h.

Des Deux-Sèvres ; chef-lieu , Niort.

La Touraine ; capitale , Tours , sur la Loire.

Département d'Indre-et-Loire ; chef-lieu, Tours, archevêché.

L'Orléanois , le Blaisois , et le pays Chartrain ; capitales , Orléans , Blois et Chartres.

    Départemens :

Du Loiret ; chef-lieu, Orléans , évêché , sur la Loire.

De Loir-et-Cher ; chef-lieu, Blois, sur la Loire.

D'Eure-et-Loir (diocèse de Versailles) ; chef-lieu, Chartres.

Le Maine ; capitale , le Mans.

    Départemens :

De la Sarthe ; chef-lieu , le Mans , évêché.

De la Mayenne ; chef-lieu, Laval.

L'Anjou ; capitale , Angers.

Département de Mayenne-et-Loire ; chef-lieu, Angers, évêché.

La Bretagne , grande province ; capitale , Rennes, ancien parlement.

    Départemens :

De la Loire-Inférieure ; chef-lieu, Nantes, évêché,

sur la Loire , ville très-peuplée et très-commerçante.

Du Morbihan ; chef-lieu, Vannes , évêché. Lorient,
très-beau port.

Du Finistère ; chef-lieu, Quimper , évêché. Brest,
le plus beau port de France

Des Côtes-du-Nord ; chef-lieu, Saint-Brieux, évêché.

D'Ille-et-Vilaine ; chef-lieu, Rennes, évêché. Saint-
Malo , ville forte et marchande , presque environnée de la mer , avec un port.

Provinces et Départemens du Nord.

La Normandie , grande province , renommée
par son commerce et ses richesses ; capitale ,
Rouen , ville grande , peuplée et commerçante ,
située sur la Seine ; ancien parlement.

Départemens :

De la Manche ; chef-lieu, Saint-Lo. Coutances ,
évêché. Cherbourg, beau port construit de nos
jours, non encore achevé

Du Calvados ; chef-lieu, Caen. Bayeux , évêché.
De l'Orne ; chef-lieu, Alençon. Séez , évêché.
De l'Eure ; chef-lieu, Évreux, évêché.
De la Seine-Inférieure ; chef-lieu , Rouen, arche-
véché. Le Havre et Dieppe , ports.

La Picardie ; capitale , Amiens , sur la Somme.

Département de la Somme ; chef-lieu, Amiens,
évêché.

L'Ile de France, grande province; capitale, Paris, qui l'est aussi de tout l'Empire, une des villes les plus peuplées et les plus célèbres de l'univers, ancien parlement, située sur la Seine.

Départemens :

De l'Oise; chef-lieu, Beauvais.

De Seine-et-Oise; chef-lieu, Versailles, évêché, où il y a un très-beau château qui étoit la demeure des Rois de France.

De la Seine; chef-lieu, Paris, archevêché, cour de cassation.

De l'Aisne; chef-lieu, Laon. Soissons, évêché.

De Seine-et-Marne; chef-lieu, Melun. Meaux, évêché.

La Champagne, grande province; capitale, Troyes.

Départemens :

De la Marne ; chef-lieu, Châlons-sur-Marne. Reims, ville célèbre, où se faisoit le sacre des rois de France.

Des Ardennes (diocèse de Metz); chef-lieu, Mézières.

De l'Aube; chef-lieu, Troyes, évêché.

De la Haute-Marne (diocèse de Dijon); chef-lieu, Chaumont.

La Lorraine, réunie à la France en 1766, capitale, Nancy.

Départemens :

De la Meurthe ; chef-lieu, Nancy, évêché.

Des Vosges ; chef-lieu, Épinal.

De la Meuse ; chef-lieu, Bar-sur-Ornain.

De la Moselle ; chef-lieu, Metz, évêché, ville
forte. Thionville, ville forte.

L'Alsace ; capitale, Strasbourg, près du Rhin,
ville très-forte.

Départemens :

Du Bas-Rhin ; chef-lieu, Strasbourg, évêché.
Kehl et Landau, villes fortes.

Du Haut-Rhin ; chef-lieu, Colmar.

L'Artois ; capitale, Arras, ville forte.

Département :

Du Pas-de-Calais, chef-lieu, Arras, évêché. Calais, petit port séparé de l'Angleterre par un détroit de sept lieues de large, nommé le Pas-de-
Calais.

La Flandre-Française ; capitale, Lille, grande
et forte ville.

Département du Nord ; chef-lieu, Lille. Cam-
bray, évêché, ville forte. Dunkerque, port.
Douai, Valenciennes, Condé, Maubeuge, villes
très-fortes.

Provinces réunies à la France.

La Flandre Autrichienne; capitale, Gand, sur l'Escaut, très-grande ville.

Départemens :

De l'Escaut; chef-lieu, Gand, évêché.
De la Lys; chef-lieu, Bruges.

———

Le Brabant; capitale, Bruxelles, grande ville.

Départemens :

Des Deux-Nèthes; chef-lieu, Anvers, sur l'Escaut, avec un port. Malines, archevêché. Flessingue, très-beau port, nouvellement cédé à la France par la Hollande.

De la Dyle; chef-lieu, Bruxelles.

———

Le comté de Hainault; capitale, Mons.

Département de Jemmapes; chef-lieu, Mons. Tournay, évêché, sur L'Escaut.

———

Le comté de Namur; capitale, Namur, au confluent de la Meuse et de la Sambre.

Département de Sambre-et-Meuse; chef-lieu, Namur, évêché.

———

L'évêché de Liége, et le duché de Limbourg;

capitales , Liége et Limbourg : de plus une partie de la Gueldre.

Départemens :

De l'Ourthe ; chef-lieu, Liége , évêché, sur la Meuse.

De la Meuse-Inférieure; chef-lieu , Maëstricht.

Le duché de Luxembourg ; capitale , Luxembourg, ville forte.

Département des Foréts (diocèse de Metz) ; chef-lieu , Luxembourg.

Nota. Ces huit provinces formoient autrefois les Pays-Bas Autrichiens.

Le duché de Berg et celui de Clèves, la ville de Munster et ses dépendances, qui appartenoient autrefois au cercle de Westphalie, en Allemagne, viennent d'être réunis à la France. Ces divers pays avoient été, sous le nom de grand Duché de Berg, érigés en État souverain. La capitale est Dusseldorff, ville forte. On s'occupe de les organiser en départemens.

La partie des archevêchés de Cologne, Mayence et Trèves , située sur la rive gauche du Rhin ; les duchés de Juliers et des Deux-Ponts , appartenans autrefois au cercle du Bas-Rhin; et la Gueldre prussienne.

Départemens :

De la Roër ; chef-lieu, Aix-la-Chapelle, évêché.

Du Rhin-et-Moselle ; chef-lieu, Coblentz , sur le Rhin.

De la Sarre ; chef-lieu, Trèves, évêché.

Du Mont-Tonnerre ; chef-lieu, Mayence, évêché, ville forte, sur le Rhin. Cassel, ville très-forte, sur le Rhin, vis-à-vis de Mayence.

L'évêché de Bâle ; capitale, Porentrui, qui appartenoit jadis à l'évêque de Bâle, a été réuni à la France. Il formoit d'abord le département du Mont-Terrible ; maintenant il fait partie de celui du Haut-Rhin.

La Savoie, appartenant ci-devant au roi de Sardaigne ; capitale, Chambéry.

Département du Mont-Blanc ; chef-lieu, Chambéry, évêché.

La République de Genêve ; capitale, Genêve.

Département du Léman ; chef-lieu, Genêve, sur le lac de ce nom.

Le comtat Venaissin , appartenant autrefois au Pape ; capitale, Avignon.

Département de Vaucluse ; chef-lieu, Avignon, évêché.

Le comté de Nice, autrefois au roi de Sardaigne ; capitale, Nice, avec un port.

Département des Alpes maritimes ; chef-lieu, Nice, évêché.

______

Le Piémont, partie de l'Italie ; capitale, Turin, grande et belle ville, sur le Pô.

Départemens :

De la Stura ; chef-lieu, Coni. Mondovi, Saluces, évêchés.

Du Pô ; chef-lieu, Turin, archevêché.

De la Doire ; chef-lieu, Ivrée, évêché.

De la Sésia ; chef-lieu, Verceil, évêché.

De Marengo ; chef-lieu, Alexandrie, grande ville. Asti et Casal, évêchés.

______

La République de Gênes, ou Ligurie ; capitale, Gênes, belle et grande ville, avec un port, sur le golfe de ce nom.

Départemens :

De Gênes ; chef-lieu, Gênes, archevêché.

De Montenotte ; chef-lieu, Savone, évêché. Acqui, évêché.

Des Apennins ; chef-lieu, Chiavari. Sarzane, Brugnato, évêchés.

______

Les villes de Parme, Plaisance et Borgo-san-Donino, ont été réunies à la France, ainsi que leurs territoires, et forment, avec l'île d'Elbe, un département.

Département du Taro ; chef-lieu, Parme, évêché. Plaisance, près du Pô, belle ville, évêché.

La Toscane, beau pays d'Italie, appellée autrefois grand Duché de Toscane, depuis royaume d'Étrurie, vient d'être réunie à la France, et forme trois départemens. La capitale étoit Florence, sur l'Arno, belle ville et bien bâtie, université.

Départemens :

De l'Arno ; chef-lieu, Florence, archevêché.

De l'Ombrome ; chef-lieu, Sienne, archevêché.

De la Méditerranée ; chef-lieu, Livourne, ville forte avec un port. Pise, archevêché, université.

Nous allons donner les noms des villes qui ont une Cour d'appel avec les départemens qui en ressortissent. Ces arrondissemens seront aussi ceux des trente-deux académies dont sera composée l'Université impériale.

Cours d'Appel.	Départemens.
Agen,	Du Lot-et-Garonne, du Gers, et du Lot.
Aix,	Des Bouches-du-Rhône, du Var, des Basses-Alpes, et des Alpes-Maritimes.
Ajaccio,	De Liamone, et du Golo.
Amiens,	De la Somme, de l'Aisne, et de l'Oise.

Cours d'Appel.	Départemens.
Angers,	De la Sarthe, de la Mayenne, et de Mayenne-et-Loire.
Besançon,	Du Jura, du Doubs, et de la Haute-Saône.
Bordeaux,	De la Gironde, de la Dordogne, et de la Charente.
Bourges,	Du Cher, de l'Indre, et de la Nièvre.
Bruxelles,	De la Dyle, de l'Escaut, de Jemmapes, de la Lys, et des deux Néthes.
Caen,	Du Calvados, de l'Orne, et de la Manche.
Colmar,	Du Haut et du Bas-Rhin.
Dijon,	De la Côte-d'Or, de Saône-et-Loire, et de la Haute-Marne.
Douai,	Du Nord, et du Pas-de-Calais.
Gênes,	De Gênes, de Montenotte, des Apennins, de Marengo et du Taro.
Grenoble,	De l'Isère, de la Drôme, des Hautes-Alpes, et du Mont-Blanc.
Liége,	De l'Ourthe, de la Roër, de Sambre-et-Meuse, et de la Meuse-Inférieure.
Limoges,	De la Creuse, de la Corrèze, et de la Haute-Vienne.
Lyon,	Du Rhône, de la Loire, du Lac-Léman, et de l'Ain.

Cours d'Appel.	Départemens.
Metz,	De la Moselle, des Ardennes, et des Forêts.
Montpellier,	De l'Hérault, de l'Aude, de l'Aveyron, et des Pyrénées-Orientales.
Nancy,	De la Meurthe, de la Meuse, et des Vosges.
Nîmes,	Du Gard, de la Lozère, de l'Ardèche, et de Vaucluse.
Orléans,	Du Loiret, du Loir-et-Cher, et d'Indre-et-Loire.
Paris,	De la Seine, de Seine-et-Oise, de Seine-et-Marne, de la Marne, de l'Aube, de l'Yonne, et d'Eure-et-Loire.
Pau,	Des Basses Pyrénées, des Hautes-Pyrénées, et des Landes.
Poitiers,	De la Vienne, des Deux-Sèvres, de la Vendée, de la Charente-Inférieure.
Rennes,	D'Ille-et-Vilaine, du Morbihan, de la Loire-Inférieure, du Finistère, et des Côtes-du-Nord.
Riom,	Du Puy-de-Dôme, du Cantal, de la Haute-Loire, et de l'Allier.
Rouen,	De la Seine-Inférieure, et de l'Eure.
Toulouse,	De la Haute-Garonne, du Tarn, du Tarn-et-Garonne, et de l'Arriége.

Cours d'Appel.	Départemens.
Tréves,	De la Sarre, du Rhin-et-Moselle, et du Mont-Tonnerre.
Turin,	Du Pô, de la Doire, de la Stura, et de la Sésia.

Les principales rivières de France sont le Rhin, la Meuse, l'Escaut, la Seine, la Loire, la Garonne, le Rhone, le Pô et l'Arno.

Le Rhin tire ses sources des glaciers du mont Saint-Gothard en Suisse, cotoie les départemens du Haut-Rhin, du Bas-Rhin, du Mont-Tonnerre et de la Roër. Arrivé dans la Hollande, il s'y divise en quatre grosses branches, le Vahal, le Leck, l'Issel et la branche qui conserve le nom de Rhin. Cette dernière se perd dans les sables de l'Océan au dessous de Leyde.

La Meuse prend sa source au département de la Haute-Marne, reçoit la Sambre, une partie des eaux du Rhin, l'Ourthe et la Roër, et se jette dans la mer du Nord.

L'Escaut prend sa source sur les confins du département de la Somme, reçoit la Lys, et se jette dans la mer du Nord par deux larges embouchures.

La Seine prend sa source en Bourgogne, au département de la Côte-d'Or, reçoit l'Yonne, l'Aube, la Marne, l'Oise, l'Epte, l'Eure, la Rille, et se jette dans la Manche au Havre.

La Loire sort du département de l'Ardèche en Languedoc, reçoit l'Allier, le Cher, l'Indre, la

2 *

Vienne et la Mayenne, grossie des eaux de la Sarthe et du Loir, et se jette dans l'Océan.

La Garonne a sa source aux Monts-Pyrénées, reçoit le Tarn, le Lot et la Dordogne, prend ensuite le nom de Gironde, jusqu'à son embouchure dans l'Océan.

Le Rhône prend sa source en Suisse, traverse le lac Léman, et va se jetter dans la Méditerrannée, après avoir reçu la Saône, l'Isère, la Drôme et la Durance.

Le Pô (autrefois Éridàn) prend sa source au Mont-Viso, departement de la Stura, et se jette dans la mer Adriatique par plusieurs embouchures.

L'Arno, qu'on peut compter parmi les fleuves de la France, depuis la réunion de la Toscane, prend sa source dans l'Apennin, passe à Florence et à Pise, et se jette dans la Méditerranée, un peu au dessous de cette ville.

L'Adour, la Charente, la Vilaine, l'Orne, et la Somme sont des rivières moins considérables, qui se jettent dans la mer à l'ouest. La Moselle se jette dans le Rhin à l'est.

Les principales montagnes de France sont :
Les Alpes, qui séparent la France de l'Italie ;
Les Pyrénées, qui la séparent de l'Espagne ;
Les Vosges, dans la Lorraine et l'Alsace ;
Les Cevennes, dans le haut Languedoc ;
Et le Jura, dans la Franche-Comté.

Colonies Françaises.

Les Français ont encore d'autres possessions en Amérique, en Afrique et en Asie, savoir : en Amérique, Saint-Domingue, divisé en cinq départemens, du Sud, de l'Ouest, du Nord, de Samana et de l'Ingane ; la Guadeloupe ; la Martinique ; la Guyane et Cayenne ; Sainte-Lucie, et Tabago : en Afrique, les îles de France et de la Réunion : en Asie, Pondichéry, dans les Indes.

Il y a une cour d'Appel séante à la Guyane, une à la Martinique et une à la Guadeloupe.

DE L'ESPAGNE et DU PORTUGAL.

L'Espagne et le Portugal forment une grande presqu'île au sud-ouest de la France.

DE L'ESPAGNE.

L'Espagne a plus de deux cents lieues de long sur autant de large. Presque toutes les provinces de ce pays portent le titre de Royaume, parce qu'autrefois elles avoient en effet des Rois particuliers. Ce fut vers l'an 1475 que le mariage d'*Isabelle de Castille* avec *Ferdinand d'Aragon* les réunit sous une même domination.

Provinces du Midi.

La Grenade ; capitale Grenade, grande ville, archevêché. Malaga, évêché, célèbre par ses vins.

L'Andalousie, capitale Séville, archevêché, une des principales villes d'Espagne. Cordoue, grande ville sur le Guadalquivir. Cadix, ville bien peuplée, très-riche et très commerçante, avec un des plus beaux ports du royaume. Gibraltar, petite ville presqu'imprenable, appartient aux Anglais depuis 1704.

Murcie, capitale Murcie. Carthagène, ville fondée par les Carthaginois, a un des plus beaux ports d'Espagne.

Provinces du milieu.

Valence, capitale Valence, archevêché, grande ville. Alicante, célèbre par ses vins, avec un port.

La Nouvelle-Castille, la plus grande province d'Espagne, capitale Madrid, qui l'est aussi de tout le royaume, ville fort peuplée. Tolède, sur le Tage, archevêché le plus riche d'Espagne. L'Escurial, Aranjuez, Saint-Ildephonse, maisons royales.

L'Estramadure Espagnole, capitale Badajox.

La vieille Castille, capitale Burgos.

Le Léon, capitale Léon. Salamanque, célèbre université.

Provinces du Nord.

La Galice, capitale Saint-Jacques de Compostelle, célèbre par les pélerinages qu'on y faisoit autrefois. Le Férol, très-beau port. Vigo et la Corogne ont aussi de beaux ports.

Les Asturies, capitales Oviédo et Santillana. Le fils aîné du roi d'Espagne porte le titre de prince des Asturies.

La Biscaye, capitale Bilbao, ville commerçante, avec un port. Fontarabie, ville forte, frontière de France.

La Navarre, capitale Pampelune, place très-forte.

L'Aragon, capitale Saragosse, archevêché, sur l'Ebre.

La Catalogne, capitale Barcelone, ville la plus peuplée d'Espagne après Madrid. Tarragone, archevêché.

Majorque, Minorque, Iviça, îles dans la mer Méditerrannée, les anciennes Baléares. Palma, dans l'Ile Majorque. Port Mahon, dans l'Ile Minorque, avec un très-beau port.

Ceuta, Mélilla, sur la côte d'Afrique au roi d'Espagne.

L'Espagne possède encore les Iles Canaries à l'ouest de l'Afrique; les Iles Philippines au sud-est de l'Asie, et une grande partie de l'Amérique.

DU PORTUGAL.

Le Portugal (appellé autrefois Lusitanie), est un petit royaume d'environ cent vingt lieues de long sur cinquante de large.

Lisbonne, capitale, archevêché, située sur le Tage, avec un port très-grand. Cette ville éprouva en 1755 un tremblement de terre qui la détruisit presqu'entièrement.

Porto , ville commerçante , sur le Douro.
Brague , archevêché.
Bragance , Coimbre , universités.

———

Les Portugais possèdent encore l'île Madère ,
les îles du Cap-Verd , les îles Açores , le Brésil
en Amérique , beaucoup de villes et d'établissemens sur les côtes d'Afrique , et quelques villes
en Asie.

———

Dans ce moment le prince régent de Portugal
est au Brésil , et a abandonné ses États d'Europe.
Le sort de ce royaume ne sera décidé qu'après
la guerre qui a lieu présentement dans la presqu'île.

———

Les principaux fleuves d'Espagne et de Portugal
sont :

L'Ebre , qui prend sa source dans les Asturies ,
et se jette dans la mer Méditerranée ;

Le Guadalquivir (autrefois Bétis), et la Gua-
diana , qui se jettent dans la mer au sud-ouest ;

Le Tage et le Douro, qui traversent le Portugal,
et se jettent dans l'Océan Atlantique.

═══════

DE LA HOLLANDE.

Des dix-sept provinces qui, autrefois, formoient
les Pays-Bas, et appartenoient aux Espagnols,
huit, ayant secoué le joug, prirent le nom de
Provinces-Unies, et formèrent un État indépen-

dant. Les autres provinces , dont une partie appartient aux Autrichiens , comme nous l'avons vu, sont maintenant toutes réunies à la France. Les Provinces-Unies avoient pour chef un *Stathouder*. En 1795, le Stathoudérat fut aboli ; les Hollandais reprirent leur ancien nom de *Bataves*, et se gouvernèrent en République. Maintenant la République Batave est érigée en royaume. Sept provinces ont conservé leurs noms, et la huitième, *la Généralité*, a pris celui de département de Brabant.

Département de la Hollande; capitale, Amsterdam, qui l'est aussi de tout le royaume, ville très-peuplée, et une des plus commerçantes de l'univers. Leyde, Rotterdam, Harlem, Dordrecht, villes considérables. La Haye, où s'assembloient les députés des provinces. Le Texel, île avec un fort qui protège une très-belle rade.

Département de la Zélande ; capitale Middelbourg, dans l'île de Walcheren, où est aussi Flessingue, qui a un très-beau port sur un des bras de l'Escaut, et qui appartient à présent à la France.

Département d'Utrecht ; capitale , Utrecht.

Département de Gueldre ; capitale, Arnheim, ville forte sur le Rhin.

Département d'Over-Yssel ; capitale, Deventer.

Département de la Frise ; capitale , Lewarde.

Département de Groningue ; capitale, Groningue.

Département de Brabant ; capitale , Bois-le-Duc, ville forte. Breda, Berg-op-zoom, villes très-fortes.

La Hollande est traversée par un grand nombre de rivières, dont les principales sont le Rhin et la Meuse.

———

Les Hollandais avoient quelques possessions en Amérique et en Afrique, et des îles très-grandes et très-riches au midi de l'Asie ; mais les Anglais se sont emparés de la plus grande partie.

═══════════

DES ILES BRITANNIQUES.

Les Iles Britanniques dépendent du roi d'Angleterre. Il y en a deux principales, 1.° la Grande-Bretagne, qui contient l'Angleterre et l'Écosse, 2.° l'Irlande.

DE L'ANGLETERRE.

L'Angleterre, avec l'Écosse, a plus de 200 lieues de long. Sa largeur est beaucoup moins grande. Elle est divisée en cinquante-deux provinces, la plupart très-petites. Nous ne parlerons que des principales villes.

Villes de la partie du Midi.

Londres, sur la Tamise, capitale. Cette ville passe pour la plus grande et la plus peuplée d'Europe. Il en est peu d'aussi riches et d'aussi commerçantes.

Windsor, château royal sur la Tamise.

Cantorbéry, dont l'archevêque est primat des évêques anglicans de tout le royaume.

Douvres, petit port vis-à-vis de Calais en France.

Portsmouth, Plimouth, Darmouth, Falmouth, ont de très-beaux ports. Wight, île où est la rade de Spitead, près Portsmouth.

Bristol, port sur l'Avon, du côté de l'Irlande, la seconde ville d'Angleterre pour la population.

Jersey, Guernesey, Aurigny, îles sur les côtes de Normandie.

Villes de la partie du milieu.

Pembrock, beau port, dans la principauté de Galles : le fils ainé du roi d'Angleterre porte le titre de prince de Galles.

Oxford, Cambridge, célèbres universités.

Chester, Lishfield, Norwight, villes considérables.

Harwight, très-beau port, du côté de la Hollande.

Villes de la partie du Nord.

Yorck, ville très-grande et très-peuplée, où est le second archevéque anglican.

Liverpool, ville fort peuplée et fort marchande, avec un port à l'ouest.

Manchester, bourg renommé par ses fabriques.

Les principales rivières d'Angleterre sont :

La Tamise et le Humber, qui se jettent à l'est dans la mer du Nord ;

Et la Saverne, qui a son embouchure à l'ouest,
du côté de l Irlande.

DE L'ÉCOSSE.

L'Écosse est au nord de l'Angleterre. Elle s'appelloit *Calédonie* du temps des Romains. Elle est séparée de l'Angleterre par les montagnes de Cheviot; elle fut réunie en 1602.

Édimbourg, capitale, ville considérable, avec un fort château, université.

Glascow, Inverness, Dundée, villes commerçantes.

Les rivières de l'Écosse sont la Fourth et la Clyde.

A l'ouest de l'Écosse sont les îles Hébrides, et au nord les îles Orcades et de Schetland, peu fertiles.

DE L'IRLANDE.

L'Irlande, autrefois *Hibernie*, est à l'ouest de l'Angleterre, dont elle est séparée par une partie de l'océan Atlantique, appellée Mer d'Irlande. Elle fut réunie en 1172 à la couronne d'Angleterre.

Dublin, capitale, près de la mer, à l'est, ville grande, belle et bien peuplée.

Waterford, Corke, beaux ports, dans la partie méridionale,

Limerick sur le Shannon, et Gallowai à l'ouest. Londonderry au nord.

Les principales rivières sont le Shannon et la Boyne.

Le roi d'Angleterre possédoit l'électorat d'Hanovre, en Allemagne (c'étoit son patrimoine).
Il a aussi de riches et vastes possessions en Asie
et en Amérique. Les Anglais se sont emparés du
Cap de Bonne-Espérance , au midi de l'Afrique,
qui appartenoit aux Hollandais.

DU DANEMARCK.

LE roi de Danemarck possède le Danemarck
propre, la Norwège et l'Islande.

DU DANEMARCK PROPRE.

Le Danemarck, partie de l'ancienne Germanie,
se divise en Terre ferme ou Jutland, et en îles.

Sleswick, Viborg, Alborg dans le Jutland.

Copenhague, capitale de tout le royaume, a
un beau port. Cette ville est dans l'île de Séelande,
où est aussi Helsingor, ou Elseneur , port sur le
détroit du Sund, vis-à-vis les côtes de Suède.

Les autres îles sont, Fionie, Laland, Bornholm,
Falster, Langeland , toutes dans la Baltique.

DE LA NORWÈGE.

La Norwège, qui eut autrefois ses rois particuliers, fut incorporée au Danemarck en 1387. Elle
est séparée de la Suède par des montagnes appellées
Dophrines.

Christiania , capitale, sur la baie d'Anslo.

Berghen, avec un port; et Drontheim, plus au nord.

Wardhus dans la Laponie Danoise, où le soleil est plusieurs jours sans se coucher en été, et sans se lever en hiver.

DE L'ISLANDE.

L'Islande est une grande île sous le cercle polaire arctique, stérile et peu peuplée. On y trouve le Mont-Hécla, volcan fameux. Les lieux les plus connus, Skalholt et Hola, ne sont que de grands villages.

Le roi de Danemarck possède les îles Féro, dans la mer du Nord; le duché de Holstein, en Allemagne, et quelques places dans les autres parties du monde.

DE LA SUÈDE.

LA Suède, avec la Norwège et la Laponie, forme une espèce de presqu'île, jadis appellée *Scandinavie*. Elle est à l'ouest de la Norwège, et occupoit les deux côtés du golfe de Bothnie, avant la guerre avec les Russes.

Gothembourg, port sur la mer du Nord, la seconde ville de l'État.

Stockolm, capitale du royaume, grande et belle ville, avec un port sur le lac Méler, près de la mer.

Upsal, Lunden, Malmo, universités.

Tornéo, au nord du golfe de Bothnie, célèbre par les expériences qu'y firent, en 1736, les Académiciens français.

La Laponie Suédoise n'a aucun lieu remarquable.

Abo, dans la Finlande, à l'est du golfe de Bothnie. Les Russes se sont emparés de cette province.

Le roi de Suède possédoit quelques villes en Allemagne, qu'il a vendues ou perdues.

DE LA RUSSIE D'EUROPE.

La Russie, ou Moscovie, autrefois occupée par les Sarmates, est l'Empire le plus étendu qui soit dans l'univers. Sa longueur passe dix-sept cens lieues; sa largeur est de six ou sept cens. Il s'étend en Europe et en Asie. Nous ne parlerons ici que de la Russie d'Europe, qui est séparée de l'autre par les monts Poyas.

Il y a un peu plus d'un siècle que cet Empire a commencé de prendre, sous *Pierre-le-Grand,* le rang qu'il occupe maintenant parmi les puissances d'Europe. Avant lui les Moscovites étoient grossiers, ignorans, superstitieux, et ne formoient qu'une petite partie de l'Empire, comme il est à présent. Depuis, avec le secours de la législation, des armes et du commerce, les Russes ont acquis la grande puissance dont ils sont en possession.

Les principales villes de Russie sont :

Riga, sur la Duna, ville célèbre, et Revel, dans la Livonie. Ces deux villes ont de beaux ports sur la mer Baltique.

Saint-Pétersbourg, dans l'Ingrie, capitale de toute la Russie. Cette ville, bâtie depuis un siècle, est très-considérable : elle a un port sur la Néva.

Cronstadt, dans une île près Saint-Pétersbourg, est le port le plus considérable de Russie.

Vibourg, ville forte dans la Carélie.

Kola, lieu peu considérable dans la Laponie Russienne.

Archangel, avec un port, à l'embouchure de la Dwina, donne son nom à un gouvernement très-étendu vers le nord.

Olonez, Novogorod, Pleskow, Smolensko, Kasan près du Volga, Wologda, Jaroslaw, Woronesch, capitales des Gouvernemens de même nom.

Moscow, grande ville, autrefois capitale de la Russie.

Kiow, sur le Dniéper, capitale de l'Ukraine.

Pultava, dans la même province, célèbre par la défaite de Charles XII, roi de Suède.

Azow, sur la mer d'Azow, appellée autrefois *Palus-Méotides.*

La petite Tartarie, qui dépend à présent de la Russie, étoit auparavant sous la domination des

Turcs. On y trouve Théodosie ou Caffa, capitale, sur le détroit de ce nom ;

Précop, sur l'Isthme du Précop ;

Bachaseray, dans la Crimée ;

Kerson, sur le Dniéper, beau port ;

Okzakow, à l'embouchure du Dniéper.

La Curlande, petit pays sur les côtes de la Baltique, appartient aussi à la Russie. Elle a pour capitale Mittau.

Les principaux fleuves de la Russie d'Europe sont :

La Dwina, qui se jette au nord dans la Mer-Blanche ;

La Duna, qui se jette à l'ouest dans la mer Baltique ;

Le Dniéper, ou Boristhême, qui a son embouchure au midi dans la Mer-Noire ;

Le Don, autrefois *Tanaïs*, qui se décharge au midi dans la mer d'Azow ;

Le Volga, très-grand fleuve, qui coule aussi au midi, et va porter ses eaux en Asie dans la mer Caspienne.

Les principaux lacs de la Russie Européenne sont le lac Peypus, le lac Ladoga et le lac Onéga.

DE LA POLOGNE.

LA Pologne, ancien royaume d'Europe, avoit été partagée en 1773 et 1792, entre la Prusse, l'Autriche et la Russie, qui en eut pour sa part plus de la moitié. Depuis la guerre de 1807 entre la France d'une part, la Prusse et la Russie de l'autre, la partie Prussienne a été donnée presque toute entière au roi de Saxe, sous le titre de grand-duché de Varsovie. La Russie et l'Autriche ont conservé leurs portions; celle de la Russie a même été un peu augmentée.

A la Russie :

Mohilow, sur le Dniéper, dont l'archevêque est primat des Catholiques de Russie.

Wilna, capitale de la Lithuanie, ville grande et bien peuplée.

Dunebourg, Polotsk, sur la Duna; Troki; Novogrodeck; dans la Lithuanie.

Kaminieck, ville très-forte, dans la Podolie.

Lucko, dans la Volhinie.

A l'Autriche :

Brodi, Léopol ou Lemberg, Chelm, dans la Russie rouge.

Lublin, dans le Palatinat de ce nom.

Sendomir, ville forte, sur la Vistule.

Cracovie, autrefois capitale de Pologne.

À la Saxe :

Varsovie, grande ville, sur la Vistule, où résidoient les rois de Pologne.

Gnesne, dont l'archevêque est primat de Pologne.

Posnanie ou Posen, ville considérable.

Thorn, sur la Vistule, ville remarquable.

DE LA PRUSSE.

La Prusse, qui a été érigée en royaume au commencement du siècle précédent, avoit acquis, par conquêtes, mariages, achats, etc., une grande étendue de pays en Allemagne. Dans la guerre de 1806 et 1807 elle a perdu une moitié de son étendue. Le roi ne possède plus que la Prusse propre ; la partie de l'électorat de Brandebourg, qui est à la droite de l'Elbe ; une très-petite portion de la Pologne ; une partie de la Poméranie, et la Silésie.

Kœnigsberg, dans la partie orientale de la Prusse propre, dont elle est capitale, ville commerçante.

Memel, près des frontières de Russie, beau port, dans la même province.

Tilsit, sur le Niémen, où s'est faite la paix entre les trois monarques *Napoléon Ier*, *Alexandre Ier*, et *Frédéric Guillaume III*.

Dantzig, à l'embouchure de la Vistule, ville célèbre par son commerce, appartenoit à la Prusse avant la guerre; mais elle a repris son indépendance. Elle est située dans la partie de Pologne qui reste à la Prusse. On y trouve encore Elbing, Marienbourg et Marienwerder.

- Stettin, ville riche, considérable et très-forte, capitale de la Poméranie prussienne, située sur l'Oder.

Colberg, port dans la même province.

Berlin, sur la Sprée, capitale de tous les États du roi de Prusse, grande ville dans le Brandebourg.

Potzdam, ville et château royal, et Francfort, sur l'Oder, aussi dans le Brandebourg.

Breslaw, capitale de la Silésie, où est aussi Glogaw. Ces deux villes sont sur l'Oder.

DE L'ALLEMAGNE.

L'Allemagne, vaste pays qui formoit autrefois un Empire dont le chef siégeoit à Vienne en Autriche, et dont les divers souverains formoient une Confédération, a été démembrée dans les dernières guerres, et est composée maintenant de plusieurs États indépendans les uns des autres.

Les principaux sont l'Autriche; les royaumes de Bavière, de Wurtemberg, de Saxe et de Westphalie; les grands-duchés de Bade, de Darmstadt et de Wurtzbourg; les États d'Hanovre.

Les rois de Bavière, de Saxe, de Westphalie et de Wurtemberg, les grands-ducs de Bade, de Darmstadt et de Wurtzbourg, et un grand nombre d'autres princes forment une Confédération , appellée Confédération du Rhin , sous la protection de l'Empereur des Français , dont le président est le prince Primat, souverain de Francfort , Ratisbonne , etc. Ainsi cette Confédération s'étend depuis l'Italie jusqu'à la mer du Nord , et jusqu'au Niémen.

L'Allemagne, telle qu'elle étoit autrefois , comprenoit l'ancienne Germanie presque toute entière, la Rhétie et le Norique , et étoit divisée en neuf cercles; au nord , ceux de haute Saxe et de basse Saxe ; à l'ouest, ceux de Westphalie , du Haut-Rhin et du Bas-Rhin; au midi, ceux de Souabe, de Bavière et d'Autriche ; et au milieu , celui de Franconie , auxquels on peut ajouter la Bohême et la Silésie, à l'est, qui dépendoient des souverains d'Allemagne.

Les bornes de cet Empire étoient , au nord , le Danemarck et la mer Baltique ; à l'est, la Pologne et la Hongrie; au midi, la Suisse et l'Italie ; et à l'ouest, la France et la Hollande.

Nous suivrons les nouvelles divisions, en indiquant les parties correspondantes des anciens cercles.

Une partie des cercles du Bas-Rhin et de Westphalie a été réunie à la France, comme nous l'avons indiqué, et nous venons de voir que la Prusse possède une partie du Brandebourg et de la Poméranie qui appartenoient au cercle de haute Saxe.

États de la Confédération du Rhin.

Royaume de Westphalie.

Il comprend une partie des cercles de Westphalie, de Basse-Saxe et du Haut-Rhin : la capitale est Cassel. Il est partagé en huit départemens

L'Elbe ; chef-lieu, Magdebourg, grande et belle ville sur l'Elbe.

La Fulde ; chef-lieu, Cassel, belle et forte ville.

Le Hartz ; chef-lieu, Heiligenstadt.

La Leine ; chef-lieu, Gottingue, université.

L'Ocker ; chef-lieu, Brunswick, grande et forte ville.

La Saale ; chef-lieu, Halberstadt.

La Werra ; chef-lieu, Marpourg.

Le Weser ; chef-lieu, Osnabruck, dont l'évêque étoit prince souverain.

Royaume de Saxe.

Ce royaume est à l'est de celui de Westphalie. Il renferme une partie du cercle de Haute-Saxe et le duché de Warsovie dont nous avons parlé.

Dresde , capitale, sur l'Elbe , belle , grande et forte ville , dans la Misnie.

Leipsick , ville riche et commerçante.

Wittemberg , Gorlitz , dans la Lusace.

Royaume de Bavière.

Ce royaume, au midi de ceux de Saxe et de Westphalie, est formé des cercles de Bavière et de Franconie, et du Tirol qui dépendoit auparavant de l'Autriche. Il en faut excepter quelques parties qui sont à d'autres princes.

Munich , capitale, belle et grande ville.

Nuremberg, ville très-commerçante , autrefois libre et impériale.

Augsbourg et Ulm, villes considérables, autrefois au cercle de Souabe.

Bamberg , évêché.

Passaw, évêché, avec un fort.

Inspruck, dans le Tirol.

Trente , évêché, célèbre par le concile de ce nom.

Ratisbonne, sur le Danube , autrefois siége de la diète de l'Empire, appartient au prince Primat.

Royaume de Wurtemberg.

Il correspond à la plus grande partie du cercle de Souabe.

Stutgard, capitale, assez grande ville avec un beau château.

Tubinge, jolie et forte ville, sur le Necker.

Le royaume de Wurtemberg est à l'ouest de celui de Bavière.

Grand-Duché de Bade.

Ce duché, partie du cercle de Souabe, a pour capitale Bade, célèbre par ses eaux minérales. Heidelberg, Manheim, belles villes. Philipsbourg, près du Rhin, ville demantelée. Constance, sur le lac de ce nom, est au grand-duc de Bade.

Grand-Duché de Hesse-Darmstadt.

Le grand-duché de Hesse-Darmstadt est composé de deux parties séparées, dont l'une est l'ancien duché de Westphalie, et l'autre une portion des cercles de Haut et Bas-Rhin. La capitale est Darmstadt.

Grand-Duché de Wurtzbourg.

Il étoit autrefois à la Franconie. Wurtzbourg, capitale, grande ville, avec un château.

Possessions du Prince Primat et autres Princes de la Confédération rhénane.

Outre Ratisbonne, le prince Primat possède Francfort, sur le Mein, une des villes les plus considérables d'Allemagne, où se tient la Diète de la Confédération, autrefois au cercle de Franconie; Ascheffembourg, aussi dans la Franconie; Wtezlar, dans la Vettéravie, etc.

Nassau, Weilbourg, Dietz, à la maison de Nassau, dont le chef préside le collège des princes de la Confédération.

Aremberg, au duc de ce nom.

Les possessions des autres membres de la Confédération ne contiennent aucun lieu remarquable, si ce n'est Iéna, dans les États du prince de Saxe-Veymar.

ÉTATS HORS DE LA CONFÉDÉRATION.

Le duché de Holstein, au roi de Danemarck, où l'on trouve Gluckstadt et Kiel.

Le duché de Mecklembourg, au prince de ce nom, dont les villes les plus remarquables sont : Rostock, port près de la mer Baltique; Schwerin, Stargard et Strelitz. On y trouve aussi Wismar, beau port. Ces deux duchés étoient du cercle de Basse-Saxe.

Le comté d'Oldembourg, au duc de Holstein, capitale Oldembourg.

ÉTATS DONT LE SORT N'EST PAS ENCORE FIXÉ.

1°. L'Électorat d'Hanovre, autrefois au Roi d'Angleterre, capitale Hanovre, ville considérable. On y trouve encore Lunebourg, ainsi que

Brème sur le Weser, et Hambourg sur l'Elbe, qui avec Lubeck dans le Holstein, forment trois villes libres et anséatiques des plus commerçantes d'Allemagne.

2°. La Poméranie Suédoise, où est Stralsund, port sur la mer du Nord, vis-à-vis l'île de Rugen (1).

3°. Quelques villes avec leur territoire, situées dans divers cercles.

ÉTATS DE L'EMPEREUR D'AUTRICHE.

Le chef de la maison d'Autriche, qui portoit le titre d'Empereur d'Allemagne, n'est plus maintenant qu'Empereur d'Autriche, Roi de Hongrie et de Bohême. C'est là ce qui forme ses États, avec la partie de Pologne dont nous avons parlé : cette partie s'appelle royaume de Galizie.

Le cercle d'Autriche comprenoit, outre l'archi-duché d'Autriche, les duchés de Stirie, de Carinthie et de Carniole, le comté de Tirol et une partie de la Souabe. Ces deux dernières parties ont été retranchées par les nouveaux traités. Le reste, avec le duché de Saltzbourg, forme l'Autriche.

Vienne, capitale, sur le Danube, belle et grande ville, la plus considérable d'Allemagne.

Lintz, belle ville, sur le Danube.

---

(1) Elle vient d'être réunie, dit-on, aux États du duc de Mecklembourg, qui prend le titre de grand-duc.

Saltzbourg, ville considérable, archevêché.

Trieste, port, dans l'Istrie autrichienne.

Gratz, dans la Stirie.

De la Bohême.

LA Bohême, qui eut autrefois ses rois particuliers, devint en 1526 dépendante de la maison d'Autriche, qui possède aussi la Moravie, province voisine, et une partie de la Silésie.

Prague, capitale, grande ville.

Ægra, ville forte.

Olmutz, capitale de la Moravie.

Brinn, ou Bringe, dans la même province.

Teschen, dans la Silésie autrichienne.

DE LA HONGRIE.

LA Hongrie, à l'est de l'Autriche et au midi de la Pologne autrichienne, dont elle est séparée par les monts Krapacks, ou Carpathiens, correspond à une partie de la Pannonie et de l'ancienne Dacie. Elle fut réunie à l'Autriche dans le même temps que la Bohême.

Bude et Presbourg, capitales, villes fortes, sur le Danube.

Gran, ou Strigonie, archevêché transféré à Presbourg.

3 *

Tokai, où croît le meilleur vin de l'Europe.

Grand-Waradin et Temeswar, villes très-fortes.

Hermanstadt et Wesseimbourg, dans la Transilvanie.

Poséga, dans l'Esclavonie.

Zagrab, ou Agram, dans la Croatie.

Ces trois provinces dépendent de la Hongrie.

Les principaux fleuves de Pologne, Prusse, Allemagne et Hongrie, sont le Danube, le Weser, l'Elbe, l'Oder, la Vistule et le Niémen.

Le Danube sort du royaume de Wurtemberg, et se jette dans la Mer-Noire, après avoir traversé la Bavière, l'Autriche, la Hongrie et une partie de la Turquie.

Le Weser et l'Elbe, qui prennent leur source l'un en Westphalie, l'autre en Bohême, se jettent dans la mer du Nord.

L'Oder, qui a sa source aux monts Krapacks, va porter ses eaux dans la mer Baltique.

La Vistule, dont la source n'est pas éloignée de celle de l'Oder, a aussi son embouchure dans la mer Baltique

Le Niémen, qui sépare la Russie du grand-duché de Varsovie et de la Prusse, se perd dans la Baltique.

La Drave, la Theisse, la Save, qui se jettent dans le Danube; la Sprée dans l'Elbe; la Warta dans l'Oder; le Bug dans la Vistule, sont des rivières très-considérables.

DE LA SUISSE.

L'ANCIENNE Helvétie, qui avoit changé son nom en celui de Suisse, a repris depuis quelques années son ancienne dénomination, et s'appelle République Helvétique.

Elle est bornée au nord et à l'est par l'Allemagne ; au midi par le royaume d'Italie et la France ; et à l'est par la France.

La Suisse étoit composée de treize cantons, et avoit pour alliés le pays des Grisons et le Valais. La Suisse et les Grisons forment à présent une République divisée en dix-neuf cantons. Le Valais est devenu une République indépendante, dont Sion est la capitale.

Les principales villes de Suisse sont :

Bâle, sur le Rhin, grande ville, capitale du canton de ce nom.

Berne, Zurich, Soleure, Fribourg, sont aussi capitales des cantons de leur nom.

Coire dans le canton des Grisons.

L'Helvétie est au milieu des Alpes et renferme les sources du Rhône et du Rhin.

Neuchâtel, sur le lac de même nom, est capitale d'un comté indépendant, érigé nouvellement.

DE L'ITALIE.

Cette grande presqu'île, au midi de l'Allemagne et au sud-ouest de la France, est renfermée entre la mer Méditerranée, à l'ouest, et la mer Adriatique ou golfe de Venise, à l'est. Elle porte ce nom depuis une longue suite de siècles, et a été le centre de l'Empire Romain. Depuis le démembrement de cet Empire par les barbares, elle a été partagée en divers États qui ont changé souvent de maître, de gouvernement et d'étendue.

Maintenant l'Italie renferme quatre États principaux, la partie réunie à la France, le royaume d'Italie, les États de l'Église et le royaume de Naples. On y trouve plusieurs petits États déclarés indépendans par l'Empereur Napoléon.

La République de Lucques, capitale Lucques, gouvernée par la princesse de Piombino : c'est une autre ville d'Italie dans la Toscane.

La principauté de Bénevent, appartenante autrefois au Pape ; capitale, Bénevent, grande ville.

La principauté de Ponte-Corvo ; capitale, Aquino.

Du Royaume d'Italie.

Ce royaume est formé par la réunion des États de Venise, d'une partie de ceux du Pape, et de la République Cisalpine, qui elle-même avoit été organisée en 1801, et contenoit les duchés de Milan, Modène, Mantoue et autres petits pays.

Il fut d'abord divisé en vingt-un départemens ; mais une nouvelle portion des États du Pape y a été ajoutée en mai 1808, et a donné trois nouveaux départemens.

L'Empereur Napoléon réunit la couronne à celle de France : après sa mort elles seront portées par deux têtes différentes. L'héritier présomptif de la couronne porte le titre de prince de Venise.

Milan, capitale, archevêché, l'une des plus grandes et des plus belles villes du monde, chef-lieu du département de l'Olona.

Bergame, dans le département de Sério, grande et forte ville.

Crémone, Bresse, Mantoue, Modène, Ferrare, Ravenne, Bologne, Vérone, Padoue, Trévise, chefs-lieux d'autant de départements, villes considérables.

Venise, ancienne, belle et grande ville, au fond du golfe Adriatique, étoit capitale d'une république la plus ancienne de l'Europe. Elle est bâtie sur un grand nombre de petites îles, séparées par des canaux où les habitans vont en gondole, et unies par plus d'une centaine de ponts.

La Dalmatie vénitienne, sur les côtes de la Turquie d'Europe, dépend du royaume d'Italie : villes principales Spalatro, Zara, et Raguse.

La partie des états du Pape qui vient d'être réunie au royaume d'Italie, renferme deux villes considérables : Urbin, archevêché; **Ancône**, ville ancienne, sur le golfe de Venise.

DE L'ÉTAT DE L'ÉGLISE.

Ce pays, nommé aussi États du Pape, ou État ecclésiastique, appartient en toute souveraineté au Pape, chef de la religion catholique.

Rome, capitale, ville grande et célèbre, autrefois capitale de l'univers, siége des empereurs romains pendant plus de trois siècles. Elle est maintenant la résidence du souverain Pontife de la religion catholique, qui a dans cette ville trois palais magnifiques.

Civita-Vecchia, port, sur la mer Méditerranée.

Pérouse, Spolette, évêchés, belles villes.

DU ROYAUME DE NAPLES.

Le royaume de Naples occupe la partie méridionale de l'Italie. C'est un pays célèbre par la salubrité de l'air et la fertilité de la terre ; mais on y a à craindre le mont Vésuve, volcan près de Naples, qui vomit des flammes de temps en temps.
Ce pays a souvent changé de maîtres. Il est maintenant gouverné par un prince Français.

Naples, capitale, très-grande ville, riche et commerçante, l'une des plus belles du monde, archevêché.

Salerne, Brindes, villes célèbres, avec chacune un archevêché.

Tarente, Crotone, Reggio, ports et villes remarquables. Cette dernière est sur le détroit ou phare de Messine.

Des Iles d'Italie.

La Sicile, île très-fertile, au sud-ouest du royaume de Naples ; capitale, Palerme, grande ville avec un port. Messine, port, vis-à-vis de Reggio. La Sicile est la plus grande île de la Méditerranée.

Au nord de la Sicile sont les îles de Lipari.

Malthe, petite île au sud de la Sicile ; capitale, la Valette, place très-forte. Cette île étoit la résidence des Chevaliers de Saint-Jean de Jérusalem.

La Sardaigne, grande île séparée de la Corse par le détroit ou bouche de Boniface, capitale Cagliari, ville considérable avec un port : elle dépend d'un roi particulier.

Les principales rivières d'Italie, outre celles dont nous avons parlé, sont : l'Adige, qui se jette dans le golfe de Venise ; le Tibre, qui passe à Rome, et a son embouchure dans la Méditerranée ; et le Vulturne, dans le royaume de Naples.

L'Italie est traversée du nord au sud par les monts Apennins.

DE LA TURQUIE D'EUROPE.

L'Empire de Turquie s'étend en Europe, en Asie et en Afrique, et renferme un grand nombre d'îles de l'Archipel.

La partie d'Europe comprend ce qui formoit autrefois la Thrace, la Macédoine, la Grèce, la Dalmatie, la Mœsie, et une partie de la Pannonie et de la Dacie.

Les principales villes, en commençant par le nord, sont :

Bender ou Tekin, dans la Bessarabie, sur le Dniester.

Jassy, capitale de la Moldavie, et Choczin, sur le Dniester.

Targovisco ou Tarvis, capitale de la Valaquie, où se trouve aussi Bucharest.

Ces trois provinces sont au nord du Danube.

Constantinople, autrefois Byzance, capitale de tout l'Empire, l'une des plus grandes et des plus célèbres villes d'Europe, avec un port immense, sur le canal de son nom : elle est dans la Romanie, l'ancienne Thrace; on y voit aussi Andrinople, ainsi que Saloniki, jadis Thessalonique, port.

Sophie, belle ville dans la Bulgarie.

Belgrade, ville forte sur le Danube, dans la Servie. Cette province est en état d'insurrection contre l'Empire Ottoman.

Mostar, dans la Dalmatie turque.

Larisse, capitale de la Janna ou Thessalie.

Lépante, port dans la Livadie.

Setines ou Athènes, ville fameuse, dans la même province.

Modon, port dans la presqu'île de Morée, autrefois le Péloponèse, jointe à la Grèce par l'isthme de Corinthe.

Misitra, près de l'ancienne Lacédémone.

Des îles de la Turquie d'Europe.

A l'ouest, les îles de Corfou, Zante, Céphalonie, Sainte-Maure, etc., qui forment à présent, avec Cérigo ou Cythère au sud de la Morée, la République des Sept-Iles, dépendante de la France.

Au midi et à l'est, Candie, autrefois Crète, grande île; capitale Candie. La Canée, port.

Négrepont, autrefois Eubée; Stalimène, autrefois Lemnos; Naxos; Coulouri, autrefois Salamine; Paros; Syphanto, et plusieurs autres îles de l'Archipel, appartenant à la Turquie.

ASIE.

L'Asie, la plus grande des trois parties de l'ancien monde, est aussi celle de toutes qui a été habitée la première : c'est là, en effet, qu'Adam a été créé. Elle a vu naître et mourir Jésus-Christ, et a été témoin des miracles de sa vie. Sa population est immense, quoiqu'il y ait des contrées presque désertes, et ses richesses ne le sont pas moins.

L'Asie est bornée au nord par la mer Glaciale ; à l'est, par la mer Pacifique ; au midi, par la mer des Indes ; à l'ouest, par la mer Rouge, la Méditerranée, l'Archipel, la mer Noire et l'Europe.

———

Les principales montagnes d'Asie sont : le mont Taurus, qui traverse la Turquie d'Asie et la Perse ; le mont Caucase, qui s'étend de la mer d'Azow à la mer Caspienne ; l'ancien Ismaüs, chaîne de montagnes qui s'étend de la Tartarie indépendante et la Tartarie chinoise, jusques dans la Sibérie.

———

Les principaux fleuves d'Asie sont :
Le Tigre et l'Euphrate qui, après s'être joints ensemble, se jettent dans le golfe Persique.

L'Indus et le Gange, dans l'Inde, qui ont leur embouchure, l'un à l'est, l'autre à l'ouest de la presqu'île occidentale.

Le Kiang, ou rivière Bleue, qui traverse la Chine par le milieu, et se jette dans la mer Pacifique.

Le Hoang, ou rivière Jaune, dans le nord de la Chine, coule de l'ouest à l'est, jusqu'à la mer Jaune.

L'Amur, ou Saghalien, qui sort de la Tartarie russienne, traverse la Tartarie chinoise, et va se jetter dans la mer de Kampschatka.

La Léna, le Jéniséa, et l'Obi qui reçoit les eaux de l'Irtis : ces trois grands fleuves de la Russie asiatique vont se perdre au nord dans la mer Glaciale.

L'Amu ou Gihon autrefois Oxus, et le Sir autrefois Jaxarte, qui se déchargent dans le lac d'Aral.

Le Jaik, qui se jette dans la mer Caspienne.

L'Asie renferme trois grands lacs, la mer Caspienne, le lac d'Aral dans la Tartarie indépendante, le lac Baikal vers les frontières de la Tartarie chinoise, dans la Russie asiatique.

DE LA TURQUIE D'ASIE.

C'ÉTOIT autrefois l'Asie mineure, si fameuse par son luxe et ses richesses; mais l'ignorance et la barbarie ont succédé à sa splendeur, depuis que les armes des Mahométans l'ont asservie.

Smyrne, sur la Méditerranée, la principale des

échelles du Levant, et Trébisonde sur la Mer-Noire, dans la Natolie.

Burse, dans la même province, grande ville.

Erzerum, dans l'Arménie.

Alep, Damas, dans la Syrie ou Sourie.

Jérusalem, dans la même province, autrefois capitale de la Palestine, ville célèbre ou Notre-Seigneur est mort.

Diarbecker ou Diarbekir, dans le Diarbeck.

Bagdad, près des ruines de Babylone, et Bassora, dans l'Irac.

Au midi de la Turquie d'Asie, sont les îles de Chypre et de Rhodes, et à l'est celles de Samos, de Chio et de Lesbos, toutes jadis fort célèbres. Les deux dernières s'appellent maintenant Scio et Mételin.

DE L'ARABIE.

L'ARABIE appartient presque toute entière au Grand-Seigneur, empereur des Turcs. Il y a des siècles qu'elle porte ce nom. Elle se divise en trois parties : l'Arabie pétrée, l'Arabie déserte, l'Arabie heureuse. Elle est au midi de la Turquie d'Asie, et à l'est de l'Égypte, dont elle est separée par la Mer-Rouge.

Hérac, capitale de l'Arabie pétrée.

Tor, petit port sur la Mer-Rouge.

Ana, capitale de l'Arabie déserte; on y voit aussi Médine, où est le tombeau de Mahomet, et la Mecque, grande ville, patrie de ce fameux fanatique. Ces deux viiles sont souvent visitées par des caravanes de Musulmans.

Sanaa, capitale de l'Arabie heureuse.

Damar, grande ville.

Moka, Aden, ports, près du détroit de Babel-Mandel.

Mascate, port sur la mer des Indes, ville commerçante.

L'Arabie heureuse, en arabe *Yémen*, produit beaucoup de parfums et de café.

DE LA PERSE.

La Perse, dont le nom rappelle le fameux Empire qui fut fondé par *Cyrus*, et détruit par *Alexandre*, est à l'est de la Turquie d'Asie et de l'Arabie. Le milieu de cet Empire présente une des contrées les plus délicieuses qui soit au monde.

Ispahan, la plus grande et la plus belle ville de tout l'Orient, avant les troubles qui commencèrent en 1722, et qui ont détruit sa population. Elle étoit capitale de l'Empire.

Tauris, grande ville.

Derbent, au nord, grande et forte ville, qui fait remonter sa fondation à Alexandre-le-Grand.

Schiras, ville grande et entourée d'un pays délicieux, aujourd'hui capitale de la Perse.

Ormus, port sur le golfe Persique.

DE L'INDE.

Ce vaste pays est séparé de la Perse par l'Indus, et partagé en deux par le Gange. La partie orientale étoit inconnûe aux anciens.

L'Inde, en deça du Gange, appellée aussi Indostan, est composée d'une presqu'île et d'une grande étendue de pays qui s'avance à l'est de la Perse jusqu'au Thibet, et se nomme Mogol.

Delhy, capitale du Mogol, aux Mahrattes.

- Agra, la plus grande ville des Indes.

Calcultta, Chandernagor, dans le Bengale, aux Anglais. Cette dernière ville appartenoit aux Français avant que les Anglais s'en emparassent dans la guerre présente. Ces derniers ont dans la presqu'île des possessions immenses. Leurs principales villes sont Surate, Mahé, sur la côte de Malabar, à l'ouest de la presqu'île ; Madras, Masulipatnam, sur celle de Coromandel, à l'est.

Calicut, sur la côte de Malabar, capitale du royaume de ce nom.

Golconde, dans l'intérieur des terres, donne son nom à un royaume très-riche.

Tranquebar, sur la côte de Coromandel, aux Danois.

Pondichéry, sur la même côte, aux Français.

Visapour, capitale du royaume de ce nom, à l'ouest, où se trouve aussi Bombay, dans une île, ville considérable, aux Anglais.

La partie de l'Inde, au de-là du Gange, est une grande presqu'île qui renferme plusieurs royaumes. Les plus cités sont ceux d'Ava, d'Aracan et de Pégu, qui forment un Empire dont la capitale est Ava, sur la rivière de ce nom.

Siam est capitale du royaume et au fond du golfe de Siam.

Malaca, dans une presqu'île.

Hué, ou Kéhué, capitale de la Cochinchine.

Chéco, ou Tongtow, capitale du royaume de Tunquin.

Une grande partie des habitans des Indes est idolâtre et suit la religion de *Brama*.

Les Tunquinois sont, comme les Chinois, sectateurs de *Confucius*.

DE LA TARTARIE.

La Tartarie s'étend dans un espace immense, depuis l'Indostan jusqu'à la mer Glaciale, et depuis la mer Caspienne jusqu'au détroit de Behring. Au nord-ouest est la Sibérie, pays glacé, dont les Samoïedes habitent la partie la plus septentrionale : au nord-est, la nouvelle Zemble.

La Tartarie renferme ce que les anciens nommoient l'Hyrcanie, la Bactriane, la Sogdiane, la Scythie d'Asie, et le pays des Saces ; mais ils étoient loin de connoître la Sibérie.

Ce pays est divisé en trois parties, dont l'une

est indépendante, l'autre appartient aux Russes, et la troisième aux Chinois.

La Tartarie indépendante est occupée par divers peuples, presque tous sauvages et idolâtres.

Cachemire, dans le Thibet, au nord de l'Indostan.

Balck, au pays des Usbecks, grande ville.

Samarcande, ville célèbre, avec une académie, qui fut le siége de l'Empire de Tamerlan.

Bokara, capitale du royaume de ce nom.

Otrar, sur le Sir, où mourut Tamerlan.

Les Kalmoucks, les Mongales et les Mant-Cheoùx errent dans les plaines de la Tartarie.

La Tartarie Russienne, ou Russie asiatique, porte aussi le nom de la Sibérie, qui en forme la plus grande partie.

Elle s'augmente tous les jours par les conquêtes des Russes sur les Chinois; comme la Russie d'Europe par celles qu'ils font sur les Tartares.

Tobolsk, capitale de la Sibérie et du gouvernement de même nom, sur l'Irtis.

Astrakan, à l'embouchure du Volga, capitale du gouvernement de même nom.

Orembourg, sur le Jaïk.

Irkutsk, peu éloigné du lac Baikal.

Jéniséik, ou Jéniskoi, sur le Jéniséa.

Jakutsk , sur le fleuve Léna.

Ochotskoi , sur la mer de Kampschatka.

A l'extrémité orientale du Kampschatka sont les îles Aleutiennes, qui s'étendent en demi-cercle jusqu'à l'Amérique. Les Russes en tirent de belles fourrures qu'ils vendent aux Chinois. Ils ont même étendu leurs établissemens jusque sur les côtes de l'Amérique septentrionale , entre ces îles et le détroit de Behring.

La Tartarie chinoise est au nord de la Chine , dont elle est séparée par la grande muraille. On y trouve la presqu'île de Corée d'où sortit Gengiskan , qui , à la fin du douxième siècle , s'empara avec ses Tartares de presque toute l'Asie.

Chin-Yang, capitale d'une province.

Kivin , Ninguta , Tsitcicar , villes assez considérables.

King-ki-tao , dans la presqu'île de Corée.

DE LA CHINE.

La Chine est l'Empire le mieux cultivé , le plus peuplé de la terre. On y compte deux cents millions d'habitans , et plus de quatre mille villes environnées de murs. C'est un des plus anciens pays civilisés. L'histoire des Chinois remonte à deux mille ans avant Jésus-Christ ; mais mêlée de bien des

4

fables. Les anciens géographes donnoient à la Chine le nom de Cattay.

Pékin, capitale, la ville la plus considérable de l'univers.

Nankin, la plus grande ville du monde.

Canton, port sur la mer des Indes.

Macao, dans une île près Canton.

Il y a outre cela une foule de villes dont la grandeur et la population sont énormes.

DES ILES DE L'ASIE.

Les îles de l'Asie sont :

1.° Les îles du Japon, qui dépendent d'un Empereur idolâtre comme ses sujets. Elles sont fort riches en diamans et en pierres précieuses. La principale est Niphon, où se trouve Yédo, capitale du Japon, ainsi que Méaco, grande ville. Les îles de Chucha et de Tchoca sont au nord.

2.° Les îles Marianes ou des Larrons, qui sont fort petites et en très-grand nombre.

3.° Les îles Philippines, au sud de la Chine, dont les principales sont Manille ou Luçon; capitale, Manille ; et Mindanao, qui a une capitale du même nom. Ces îles sont aux Espagnols.

4.° Les îles Moluques, au sud des Philippines. L'île Célebes est la principale. On y trouve Macassar, port, capitale. Gilolo, Céram, Boéro, Amboine, sont des îles importantes : Gilolo, sur-tout est fort considérable. Les Hollandais étoient maîtres de ces îles : les Anglais s'en sont emparés en 1796.

5.° Les îles de la Sonde, au sud de la presqu'île orientale des Indes, dont trois sont très-considérables. Bornéo, qui a près de cent lieues de diamètre ; capitale, Bornéo. Sumatra, île très-grande et très-fertile, où l'on trouve Achem, port. Java ; capitale, Batavia, une des villes les plus commerçantes de l'Asie. C'est entre cette île et Sumatra qu'est le détroit de la Sonde. Les Anglais et les Hollandais ont dans ces îles des établissemens considérables.

6.° L'île de Ceylan, à l'est de la pointe de la presqu'île occidentale des Indes. Elle est extrêmement fertile en canelle et en fruits de toute espèce. On y trouve Candy, capitale où habite le roi ; Colombo et Trinquemale, aux Anglais, qui ont chassé les Hollandais de cette île.

7.° Les Maldives et les Laquedives, grouppes de petites îles au sud-ouest de l'Indostan, qui dépendent des Portugais.

AFRIQUE.

L'Afrique est plus petite que l'Asie, et plus grande que l'Europe. L'équateur la traverse par le milieu, ce qui y rend presque par-tout la chaleur insupportable. Aussi l'intérieur n'est qu'une plaine de sable, si ce n'est vers le bord des rivières, où il reste un peu de verdure. La plupart des habitans sont noirs ou olivâtres, et un assez grand nombre d'entr'eux erre dans ces vastes déserts exposé à la faim, à la soif, aux rayons brûlans du soleil qui tombent à plomb sur leur tête. Les contrées septentrionales et méridionales, moins exposées aux feux qui consument les autres parties, sont aussi moins arides et plus habitées.

Sans l'isthme de Suez qui la joint à l'Asie, l'Afrique seroit une grande île au sud-ouest des deux autres parties. Elle a au nord la Méditerranée ; à l'ouest l'Océan atlantique ; au midi la partie de mer appellée mer des Cafres, et à l'est la mer des Indes et la mer Rouge.

L'Afrique est traversée par plusieurs chaines de montagnes dont les principales sont le mont Atlas dans la Barbarie ; les monts Amédede ou de la Lune dans la Nigritie ; les monts Lupata, qui s'étendent de la pointe méridionale jusqu'à l'équateur et au de-là.

Les principaux fleuves d'Afrique sont : le Nil,

qui prend sa source dans l'Abyssinie, traverse la Nubie et l'Égypte, et se jette dans la mer Méditerranée par deux principales embouchures.

Le Magadoxo, le Zambeze ou Couama, la rivière du Saint-Esprit, qui se jettent dans la mer des Indes à l'est.

A l'ouest, l'Océan atlantique reçoit les eaux du Coanza et du Zaïre, qui traversent le Congo; de la Gambie et du Sénégal, qui coulent dans la Nigritie et la Haute-Guinée.

Le Niger, dont la source est aussi incertaine que celle de plusieurs des fleuves précédens, coule de l'ouest à l'est, et se perd dans un lac ou dans des sables.

DE L'ÉGYPTE.

L'ÉGYPTE est un des pays du monde les plus anciennement civilisés. Jusqu'au temps où les Romains cessèrent d'en être maîtres, les habitans conservèrent encore quelques restes des sciences, des arts et des lois qu'ils cultivèrent de si bonne heure; mais depuis que les Turcs, à la suite d'autres barbares, y sont venus apporter le despotisme et l'ignorance, elle a subi le sort de tous les pays où domine le mahométisme.

Le Caire, capitale, très-grande ville, sur le Nil, près de laquelle sont les fameuses pyramides, et les ruines de Memphis.

Alexandrie, Rosette, Damiette, villes et ports sur la Méditerranée.

Suez, qui donne son nom à l'isthme, port sur la Mer-Rouge.

Siout, grande ville, dans la haute Égypte, sur le Nil, ainsi que Girgé, qui est à trente lieues des ruines de Thèbes.

Cosséir, port sur la Mer-Rouge.

DE LA BARBARIE.

LA Barbarie s'étend le long de la côte septentrionale d'Afrique, depuis l'Égypte jusqu'à l'Océan Atlantique. C'étoit autrefois la Lybie, l'Afrique propre, la Numidie, la Mauritanie. Ces belles provinces, si fertiles et si policées sous les Carthaginois, et sur-tout sous les Romains, ont été ravagées successivement par les Vandales, les Sarrasins et les Turcs qui en sont restés maîtres. Les Deys, qui en sont les souverains, rendent, comme ceux d'Égypte, une obéissance simulée au Grand-Seigneur ; mais dans le fait ils sont indépendans.

Derne, dans le pays de Barca, ville maritime.

Tripoli, Tunis, près des ruines de Carthage, et Alger, ports sur la mer Méditerranée, capitales des royaumes de même nom, qui sont plutôt des Républiques dont les Deys ou Beys sont les chefs.

Maroc, capitale de l'Empire de ce nom, qui comprend les villes et royaumes de Maroc, de Fez, de Tafilet et de Sus, etc. Salé, bon port, sur l'Océan. Tanger, sur le détroit de Gibraltar.

Dans le Midi de la Barbarie est le pays de Sugul-messe et le Bilédulgérid, presque déserts.

Au dessous encore se trouvent les déserts du Sahara ou Saara.

DE LA GUINÉE.

LA Guinée, qui s'étend le long de la côte occidentale d'Afrique, se divise en haute et en basse.

La haute contient les parties appellées le Sénégal, la Gambie, Sierra-Léone ; les côtes des Graines, des Dents, des Esclaves ; la Côte-d'Or et le royaume de Benin.

Saint-Louis, fort, aux Français, à l'embouchure du Sénégal. Portendic dans le même pays.

Goré, dans une île près du Cap-Verd, aux Français.

Gambie, Sierra-Léone, port, aux Anglais.

Saint-Georges-de-la-Mine, sur la Côte-d'Or, aux Hollandais.

Christiansbourg, sur celle des Esclaves, aux Danois.

Benin, grande ville, capitale du royaume de ce nom, dont le roi est fort puissant.

Dans la basse Guinée, nommée aussi Congo, on trouve :

Loango, capitale du royaume qui porte son nom ;

Saint-Salvador, capitale du Congo, proprement dit.

Loanda, Benguela et Matamba, capitales des royaumes d'Angola, de Benguela et de Matamba. Les Portugais sont très-puissans dans ce pays.

C'est sur-tout dans la haute Guinée que les Européens vont faire le commerce des nègres qu'ils mènent dans leurs possessions d'Amérique, commerce entretenu par les divisions continuelles des peuplades de l'Afrique qui vendent leurs prisonniers.

DE LA CAFRERIE.

LA pointe méridionale de l'Afrique porte le nom de Cap de Bonne-Espérance. Près de ce Cap, les Hollandais bâtirent un fort en 1650. Il y a environ trente lieues de pays habitées par des Hollandais et des Français réfugiés.

C'étoit auparavant une partie de la Cafrerie qui s'étend au nord du Cap, sur les deux côtes occidentale et orientale. Les Cafres et les Hottentots qui l'habitent, dans la partie méridionale, sont des sauvages sans lois, sans mœurs et sans villes.

En remontant vers le Nord dans l'intérieur des terres, les royaumes de Monoémugi, de Macoco, etc., l'Éthiopie, les pays de Bournou, Zanfara, etc., la Nigritie, sont habités par des peuples peu connus pour la plupart, dont quelques-

uns passent pour anthropophages; par une multitude d'animaux sauvages , et plus encore par des
solitudes brûlantes où les hommes et les animaux
périssent.

La partie de la Cafrerie qui occupe la côte
orientale de l'Afrique est plus connue et plus fré-
quentée, sur-tout par les Portugais, qui y ont une
grande puissance. Les lieux les plus remarquables
sont :

Monomotapa , Sofala , Manica , capitales des
royaumes de ce nom ;

Mosambique, plus au nord , ville forte , dans
une île ;

Montbaze et Mélinde, sur la côte de Zanguebar,
ont des royaumes de leur nom ;

Brava , capitale d'une petite République;

Magadoxo, dans le royaume et à l'embouchure
de la rivière de ce nom ;

Çuçagurel, capitale du royaume d'Adel , sur
la côte d'Ajan.

La côte de Zanguebar et celle d'Ajan sont
remplies de mines d'or et d'argent, et de perles.
C'est là qu'étoit Ophir, d'où les flottes de Salomon
rapportoient l'or et les pierres précieuses.

DE L'ABYSSINIE.

Le Royaume d'Abyssinie, pays tout hérissé de
montagnes et de rochers escarpés , est sur la mer
Rouge , entre la Nubie et le royaume d'Adel. Les

habitans vivent sous des tentes , aussi bien que leur roi, appellé le *Grand-Négus*. Axum ou Axuma, étoit autrefois capitale du royaume : c'étoit une grande ville ; mais il n'en reste que des ruines. La capitale est aujourd'hui Gondar ou Guender , séjour ordinaire du roi.

Arkiko , port , sur la Mer-Rouge.

DE LA NUBIE.

La Nubie est bornée au nord par l'Égypte , à l'est par la Mer-Rouge , au sud par l'Abyssinie , et à l'ouest par les déserts. On croit qu'une partie de ce pays appartient au roi d'Abyssinie; l'autre est occupée par les Arabes. On y trouve Ibrim , assez grande ville , sur le Nil ; Dungala , qui passe pour la capitale, et Suakem , port sur la Mer-Rouge.

DES ILES D'AFRIQUE.

Socotara , vis-à-vis le Cap Guardafui.

Les îles de l'Amirante et les îles Comore , peu importantes et peu connues.

Magadascar , une des plus grandes îles de la terre , séparée de la terre ferme par le canal de Mozambique. On y remarque le fort Dauphin où mouillent ordinairement les vaisseaux qui s'arrêtent à cette île.

Les îles de France et de la Réunion , aux Français.

De l'autre côté de l'Afrique :

L'île Sainte-Hélène , aux Anglais ;

L'île Saint-Thomas ou Saint-Thomé , presque sous l'Équateur ;

Les îles du Cap-Verd , vis-à-vis le Cap de ce nom. La principale est Saint-Jago ;

Les îles Canaries, autrefois Fortunées, dont les plus remarquables sont, Palma ; Canarie ; Ténérif, qui renferme une des plus hautes montagnes de la terre , le Pic de Ténérif; et l'île de Fer , par où passe le premier méridien ;

L'île Madère , plus au nord , qui produit de très-bon vin ; capitale , Funchal.

AMÉRIQUE.

AVANT le quinzième siècle cette partie du monde étoit entièrement inconnue. Ce fut en 1492 que *Christophe-Colomb*, Génois, partit sur des vaisseaux d'Espagne, et alla à la découverte de nouveaux pays. Après bien des recherches et des périls, il aborda enfin à une île qu'il nomma *Saint-Salvador*, puis à une autre : c'étoit Saint-Domingue. L'heureux navigateur retourna en Espagne. Quelques années après, un aventurier, nommé *Améric-Vespuce*, ayant voyagé dans ces mêmes parages, publia quelques cartes du pays, qu'il appella de son nom, *Amérique*.

Les autres parties de ce grand continent ont été découvertes successivement par différens voyageurs qui en ont parcouru toutes les côtes méridionales, et se sont avancés vers le nord, aussi loin que les glaces le leur ont permis.

Les habitans de l'Amérique sont généralement de couleur cuivrée. Sous la zone torride, la chaleur est moins grande qu'en Afrique, et il y a une immense étendue de pays dont la fertilité surpasse tout ce que l'Afrique put offrir d'abondance aux Romains.

L'Amérique est traversée dans toute sa longueur par une chaîne de hautes montagnes, appellées Andes ou Cordilières, qui se partagent en plusieurs branches dans la partie septentrionale.

Si le nouveau continent renferme les plus hautes

montagnes qu'on connoisse, on y trouve aussi les fleuves les plus considérables. Au nord le fleuve Saint-Laurent se jette dans l'océan Atlantique. Le Mississipi ou Meschacebé reçoit une multitude de rivières dont les principales sont le Missouri et l'Ohio, et décharge ses eaux dans le golfe du Mexique.

Dans l'Amérique méridionale on voit l'Orénoque, très-grand fleuve qui se jette dans l'Atlantique;

Le fleuve des Amazones, ou le Maragnon, une des plus grandes et des plus belles rivières du globe, qui, sortant du Pérou, parcourt un espace de dix-huit cents lieues, pendant lequel elle reçoit entre autres rivières, le Négro, la Madeire, le Tocantin, jusqu'à son embouchure dans l'Atlantique sous l'équateur;

La rivière de la Plata, formée par le Paraguay, l'Uraguay et la Parana, qui se précipite dans la partie méridionale de l'océan Atlantique.

L'Amérique, et sur-tout la Septentrionale, contient un grand nombre de lacs, dont les principaux sont, le lac Supérieur, le lac Michigan, le lac Huron, le lac Érié et le lac Ontario, qui communiquent et forment le fleuve Saint-Laurent. C'est le lac Érié qui, en se précipitant dans le lac Ontario, forme cette fameuse chûte d'eau appellée le saut de Niagara.

DE L'AMÉRIQUE

SEPTENTRIONALE.

LE nord de l'Amérique est entièrement inconnu dans l'intérieur de la partie occidentale. Les côtes ont été parcourues et observées par quelques voyageurs ; mais il n'en ont point déterminé la position d'une manière certaine. On appelle Indiens les peuples basanés qui habitent ces pays. A l'est on trouve le Groenland, qui s'étend bien au delà du cercle polaire, et près duquel est l'Islande. Au dessous des baies de Baffin et d'Hudson, la terre de Labrador est habitée par les Esquimaux. Les Anglais possèdent autour de la baie d'Hudson une assez grande étendue de pays, où l'on remarque le port Nelson, position avantageuse pour le commerce.

DU CANADA.

Le Canada, au midi de la terre de Labrador, et arrosé par le fleuve Saint-Saurent, appartient aux Anglais.

Quebec, capitale, sur le fleuve Saint-Laurent, évêché.

Montréal, dans une île, à l'embouchure du même fleuve. Port-Royal et Halifax dans l'Acadie.

DES ÉTATS-UNIS D'AMÉRIQUE.

Les Anglais possédoient un assez grand nombre de Colonies au midi du Canada. En 1776, treize de ces provinces se réunirent et se déclarère indépendantes. De là sont venus les États-Unis d'Amérique, ou l'Union Américaine. Plusieurs autres provinces sont depuis entrées dans la confédération. Des lois sages, une administration qui tend toujours au bien public, ont fait fleurir sa puissance et augmenté son territoire.

Boston, capitale du Massachusset's-Bay, la ville la plus considérable de l'Amérique septentrionale, avec un beau port.

New-Yorck, capitale de la province de ce nom, grande ville.

Philadelphie, dans la Pensylvanie, ville considérable, et fort bien bâtie.

Baltimore, dans le Maryland dont la capitale est Annapolis.

Charles-Town, dans la Caroline méridionale.

Savannah, dans la Géorgie.

La Floride, province au midi des États-Unis, appartient à l'Espagne. Pensacola, fort qui défend une belle rade.

DE LA LOUISIANE.

La Louisiane, dont le nom rappelle ses premiers maîtres, les Français, a passé successivement aux Espagnols et aux Anglais, puis aux Français, enfin aux États-Unis, qui la possèdent à présent. Elle est traversée en entier par le Mississipi. C'est un pays extrêmement sain et fertile.

La Nouvelle-Orléans, capitale, ville médiocre.

DU NOUVEAU MEXIQUE.

Le nouveau Mexique est un grand pays fort agréable, très-fertile, et assez bien peuplé, à l'est de la Louisiane. Il appartient à l'Espagne. Il y a des mines d'or et d'argent.

Santa-Fé, capitale, située dans les terres, près de Rio-del-Norte, grande rivière.

La presqu'île de Californie est séparée de ce pays par la mer Vermeille.

***

DU VIEUX MEXIQUE.

Le vieux Mexique, ou nouvelle Espagne, fut soumis à la domination Espagnole en 1521 par le fameux Cortez.

Mexico, capitale au milieu de deux lacs, ville grande, riche et très-commerçante, archevêché.

Acapulco, port sur le grand Océan.

Vera-Crux, belle ville avec un port.

Léon-de-Nicaragua, près d'un lac de ce nom, évêché.

***

DE L'AMÉRIQUE
MÉRIDIONALE.

L'Amérique méridionale est jointe à l'Amérique septentrionale par l'isthme de Panama, qui n'a pas plus de douze lieues de large en quelques endroits.

Le centre de cette partie du nouveau monde est peu connu; mais les côtes, jusque bien avant dans les terres, sont occupées, cultivées par des indigènes et des colonies Espagnoles, Portugaises, etc. L'Espagne et le Portugal ont dans ces pays de vastes possessions dont les revenus sont immenses.

DE LA TERRE-FERME.

La Terre-Ferme, ou nouvelle Grenade, se divise en Terre-Ferme proprement dite, et en Guyane.

Les Espagnols possèdent la Terre-Ferme et une partie de la Guyane. Les Français et les Hollandais ont des colonies dans la Guyane.

Panama, grande ville, port, sur le golfe et l'isthme de ce nom, évêché.

Porto-Belo, port, de l'autre côté de l'isthme.

Carthagène, port peu éloigné de la rivière de Cauca.

Santa-Fé de Bogota, capitale de la nouvelle Grenade, évêché, université.

Paramaribo, dans la Guyane Hollandaise.

Cayenne, dans une île, est le lieu le plus considérable de la Guyane Française.

DU PÉROU.

C'étoit autrefois un royaume indépendant, riche et florissant. En 1532, Pizarre, à la tête d'une flotte Espagnole, le conquit, et depuis ce temps, c'est une des plus belles possessions d'Espagne. Ses mines d'or et d'argent y présentent tant de richesses, qu'elles sont passées en proverbe.

Quito, grande ville, presque sous l'équateur, où les Académiciens Français firent, en 1736, des expériences pour déterminer la figure de la terre.

Lima, capitale, belle ville et bien bâtie, archevêché, près de laquelle est le port de Callao.

Cusco, autrefois capitale du Pérou.

Potosi, où l'on exploite une mine d'argent la plus riche de la terre.

DU CHILI.

Le Chili, au midi du Pérou, dépend des Espagnols depuis 1535, qu'ils y pénétrèrent. Le pays est fertile et abonde en mines de toutes sortes de métaux; mais il est peu peuplé.

San-Jago, capitale, évêché, et la Conception, en sont les lieux les plus considérables.

DE LA TERRE MAGELLANIQUE.

La Terre Magellanique ou Patagonie, est un pays désert et inconnu. Les habitans, qu'on a crus d'une taille gigantesque, errent ça et là sans avoir une demeure fixe. Cette terre ne paroît pas être propre à rapporter beaucoup de fruit à ses maîtres: c'est pourquoi les Espagnols, après l'avoir occupée d'abord, l'ont abandonnée.

DU PARAGUAY.

Au nord de la Patagonie, le Paraguay est traversé par la rivière de la Plata, dont une branche a donné son nom au pays. Il fut découvert par les Espagnols qui y sont maîtres depuis 1535.

Buenos-Ayres, capitale, à l'embouchure de la rivière de la Plata, évêché.

L'Assomption, grande ville, sur le Paraguay, évêché.

DU PAYS DES AMAZONES.

Cette grande contrée, qui occupe le centre de l'Amérique méridionale est à peu près inconnue. Les Espagnols s'en disent les maîtres. Les Portugais ont quelques forts à l'embouchure du fleuve qui la traverse.

DU BRÉSIL.

A l'est du pays des Amazones est un pays beaucoup plus connu et bien plus intéressant pour les Portugais qui en sont possesseurs et qui en tirent en abondance le tabac, l'indigo, l'ipécacuanha, etc. On y connoît aussi des mines d'or et de diamans. Il fut découvert en 1500.

Saint-Salvador, capitale, archevêché, au bord de la mer, ville bien fortifiée où se rendent tous les ans les flottes qui viennent de Portugal.

Rio-Janeiro, ville très-importante, est capitale du Gouvernement de même nom.

C'est au Brésil que s'est retiré le prince régent de Portugal, en abandonnant ses États d'Europe à la fin de 1807.

DES ILES D'AMÉRIQUE.

L'ILE de Terre-Neuve, vis-à-vis l'embouchure du fleuve Saint-Laurent, capitale Plaisance. Près de cette île se fait la pêche de la morue. On y voit un grand banc de sable.

Au dessous sont les îles Bermudes, peu considérables, puis les îles Lucayes, dont la principale est Bahama.

Les Antilles, grandes et petites. Les grandes sont : Cuba, aux Espagnols, capitale, la Havane, port. Cette île a trois cents lieues de tour; elle est située à l'entrée du golfe du Mexique. Saint-Domingue, la seconde des Antilles, qui appartenoit aux Espagnols et aux Français; maintenant les Français en sont les seuls maîtres. Saint-Domingue, le Cap-Français, le Port-au-Prince, en sont les lieux les plus remarquables. La Jamaïque, capitale, Spanistown, aux Anglais : elle est au midi de Cuba. Porto-Rico, avec une capitale de même nom, aux Espagnols. Les petites Antilles sont : la Martinique, la Guadeloupe, Tabago, aux Français; Antigoa, la Barbade, Saint-Christophe, la Barboude, aux Anglais; Curaçao, Aruba, aux Hollandais; Saint-Thomas, Sainte-Croix, aux Danois; Saint-Barthelemy, à la Suède; la Trinité, aux Espagnols. Il y a encore quelques Antilles peu considérables.

Les îles dont nous venons de parler sont dans l'Amérique septentrionale : au midi on ne trouve que les îles Malouines ou Falkland, aux Anglais.

L'Amérique est terminée au Midi par la terre de Feu, île séparée de la Patagonie par le détroit de Magellan; au Sud est le cap Horn.

Vers le Nord, au milieu de l'océan Atlantique, sont placées les îles Açores, dont la principale est Tercère. Elles dépendent du Portugal.

TERRES OCÉANIQUES.

Au milieu du grand Océan Pacifique, entre l'Amérique à l'est et l'Asie à l'ouest, sont disséminés des groupes de petites îles et d'autres plus grandes de distance en distance. La plus remarquable de toutes, est la nouvelle Hollande, qui peut passer pour un nouveau Continent. Il a plu aux Géographes modernes de faire de toutes ces découvertes une cinquième partie du monde, en y joignant les îles Marianes, Philippines et Moluques, et celles de la Sonde. C'est là ce qu'on appelle Terres Océaniques. La plus grande partie est due à des voyageurs du dix-huitième siècle, qui ont infatigablement parcouru cette mer immense à la poursuite de quelques petites îles, et qui ont laissé à leurs successeurs le désespoir d'y faire de nouvelles conquêtes. *Cook*, le plus infatigable d'entre eux, n'a pu parvenir, malgré son courage, qu'à quelques degrés au-delà du Cercle polaire antarctique: il a été arrêté là par une masse de glace dont les efforts humains ne pourront jamais triompher.

La plupart des Terres Océaniques jouissent d'une température délicieuse et d'un sol très-fertile. On y trouve, sur-tout dans la nouvelle Hollande, des fruits et des animaux inconnus ailleurs.

Nous parlerons des plus remarquables, en partant des îles Moluques et Philippines, et marchant vers l'est.

La nouvelle Hollande fut d'abord aperçue par les Portugais lors de la découverte de l'Inde, puis retrouvée par les Hollandais en 1620, enfin visitée par le capitaine *Cook* en 1774. Elle est presque aussi grande que l'Europe. L'intérieur est entièrement inconnu; plusieurs des côtes mêmes ne sont que soupçonnées. Les habitans paroissent d'une race différente des autres insulaires.

Botany-Bay, où s'établirent en 1788 des Anglais qui l'ont abandonnée pour le port Jacson, un peu plus au nord, est sur la côte orientale la plus visitée et la mieux connue.

Au Midi est la terre de *Diémen*, qu'on croyoit autrefois tenir au reste de l'île; mais on a traversé le détroit qui l'en sépare.

———————

Au Nord de la nouvelle Hollande, se voit la terre des Papous ou nouvelle Guinée, grande île près de l'équateur, dont les habitans sont noirs, et où l'on trouve des épiceries et des oiseaux de paradis.

Les îles de l'Amirauté, la nouvelle Hanovre, la nouvelle Irlande, la nouvelle Bretagne, la Louisiane et autres îles de l'archipel de Salomon, sont à l'est de la nouvelle Guinée.

Au Nord sont les îles Pelew, visitées d'abord par les Espagnols, ensuite par les Anglais, qui y commercent. Elles sont remarquables par ce qu'elles ont fourni d'anecdotes depuis leur découverte.

———————

Les îles Carolines et l'archipel auquel elles ont donné leur nom, sont situés à l'Est. On trouve en suite les îles Mulgraves découvertes en 1788. Tous ces parages sont parsemés d'une multitude d'îles.

Au nord-est, à une grande distance, sont les îles Sandwich, vues d'abord par les Espagnols; mais réellement connues depuis *Cook*, dont la mort a rendu trop fameux Owhyhée, la principale de ces îles. Cet illustre navigateur y fut tué en 1779.

———

En redescendant au sud de l'équateur, on aperçoit dans l'espace immense de l'océan, à l'est de la nouvelle Hollande, un nombre presqu'infini d'îles dont les principaux grouppes sont l'archipel du St-Esprit, les îles des Amis, les îles des Navigateurs, l'archipel des îles de la Société, l'archipel dangereux, et les Marquises.

La nouvelle Calédonie, grande île de l'archipel du Saint-Esprit, fut découverte par *Cook* en 1774. Les habitans sont fort basanés.

L'île du Saint-Esprit est la plus considérable des nouvelles Hébrides. *Bougainville* a donné, en 1768, le nom de nouvelles Cyclades à cette île et à celles qui l'environnent.

———

Les îles des Amis sont fort petites.

C'est aux îles des Navigateurs que l'infortuné *La Peyrouse* eut la douleur de voir massacrer MM. *de Langle* et *Lamanon*. Les habitans paroissent les plus beaux hommes de l'univers. Le sol en est très-fertile.

———

Parmi les îles de la Société on distingue O-Taïti, qu'on peut appeler la Cythère du nouveau monde. La température, le sol, le langage, la population, tout est au dessus de ce qu'on connoît dans ces mers. Les habitans sont olivâtres : ils croient à l'immortalité de l'ame et n'ont point d'idoles.

L'archipel Dangereux a été ainsi nommé parce qu'il est rempli d'îles sous l'eau, et de rochers qui en rendent l'approche fort difficile aux vaisseaux. Ces îles ont été découvertes par *Le Maire*, *Rogewin*, *Biron*, *Wallis*, *Bougainville*, *Cook* et *Wilson*.

L'archipel des Marquises fut découvert par *Mindana*, en 1595. Elles sont en grand nombre.

Au sud-est de la nouvelle Hollande sont placées deux grandes îles séparées par un détroit auquel *Cook*, qui les visita, a donné son nom. Les îles portent celui de nouvelle Zélande. C'est une possession très-importante à cause de ses bois de construction et de son lin magnifique. Les Anglais de Botany-Bay y ont un établissement. Les habitans de ces îles sont anthropophages et idolâtres.

Les ténèbres de l'idolâtrie sont aussi répandues dans la plupart de ces pays nouveaux, qui forment à présent la cinquième partie du monde. Il faut espérer que la véritable religion les éclairera, comme elle a éclairé une partie des Sauvages de l'Afrique et de l'Amérique.

FIN.

De l'Imprimerie de PLASSAN, Imprimeur de la Grande-Chancellerie de la Légion d'honneur, rue de Vaugirard, n.° 9.